L'ANTIPAULINISME SECTAIRE AU TEMPS DES PÈRES DE L'ÉGLISE

ISSN 0575-0741

CAHIERS DE LA REVUE BIBLIQUE

47

L'ANTIPAULINISME SECTAIRE AU TEMPS DES PÈRES DE L'ÉGLISE

par

Simon LÉGASSE

PARIS

J. GABALDA et Cie Éditeurs

Rue Pierre et Marie Curie, 18

—

2000

ISBN : 2-85021-120-6
ISSN : 0575-0741

Avant-Propos

Cette monograhie reprend en la complétant une étude parue dans le *Bulletin de littérature ecclésiastique*, vol. 90, 1989, p. 5-22, 85-100.

Les références aux éditions patristiques ont été omises, en raison de la fréquence des renvois, pour Hippolyte, *Elenchos* (Wendland, GCS, 26 ; Marcowich, PTS, 25) ; Irénée, *Adversus haereses* (éd. Harvey et SC), Eusèbe, *Histoire ecclésiastique* (Schwartz, GCS, 9, et SC) et le *Panarion* d'Épiphane (Holl, GCS, 25,31,37).

Toulouse, le 1er septembre 1999

Liste des sigles et abréviations

Apocr.	*Apocrypha*
Aug.	*Augustinianum*
BeauchesneR	Beauchesne Religions
BHTh	Beiträge zur historischen Theologie
BJChAR	Beiträge zur jüdischen, christlichen und allgemein Religions geschichte und späthellenistischer Zeit
BLE	*Bulletin de littérature ecclésiastique*
BT	Bibliothèque de théologie
Cath.	Catholicisme
CBQ	*The Catholic Biblical Quarterly*
CCh.L	Corpus Christianorum, series latina
CCh.M	Corpus Christianorum, continuatio mediaevalis
CSCO	Corpus scriptorum Christianorum orientalium
CSEL	Corpus scriptorum ecclesiasticorum latinorum
DThC	Dictionnaire de théologie catholique
EHPhR	Études d'histoire et de philosophie religieuses
FRLANT	Forschungen zur Religion und Literatur des Alten und Neuen Testaments
GCS	Griechische christliche Schriftsteller der ersten drei Jahrhunderten
Herm.	Hermeneia
HistJud	*Historia Judaica*
HS	Hommes et sociétés
HTR	*Harvard Theological Review*
Islamochr.	*Islamochristiana*
JAC	*Jahrbuch für Antike und Christentum*
JJS	*Journal of Jewish Studies*
JThS	*The Journal of Theological Studies*
KEK	Kritisch-exegetischer Kommentar über das Neue Testament
MIDEO	Mélanges de l'Institut dominicain d'études orientales du Caire
MondeB	Le Monde de la Bible
NC(C)	Nouvelle Clio
NT.S	Supplements to Novum Testamentum,
NTS	*NewTestament Studies*

OrChr	*Oriens christianus*
PG	Migne, Patrologie grecque
PL	Migne, Patrologie latine
PO	Patrologia orientalis
POC	*Proche Orient chrétien*
PSBF.SS	Publications of the Studium biblicum Franciscanum, Smaller Series
PTS	Patristische Texte und Studien
RAC	Reallexikon für Antike und Christentum
RB	*Revue biblique*
RCT	*Revista catalana de teologia*
RSB	Ricerche storico bibliche
RSR	*Recherches de science religieuse*
SPB	Studia post-biblica
SBF.A	Studium biblicum Franciscanum, Analecta
SBL.DS	Society of Biblical Literature, Dissertation Series
SBL.TT.ChAS	Society of Biblical Literature, Texts and Translations, Christian Apocryph Series
SC	Sources chrétiennes
SecCent	*Second Century*
SR	Studi e ricerche
ThH	Théologie historique
ThQ	*Theologische Quartalschrift*
TS	*Theological Studies*
TSAJ	Texte und Studien zum antiken Judentum
TU	Texte und Untersuchungen
UUA	*Uppsala universitets årsskrift*
VigChr	*Vigiliae Christianae*
WUNT	Wissenschaftliche Untersuchungen zum Neuen Testament
ZKG	*Zeitschrift für Kirchengeschichte*
ZNW	*Zeitschrift für die neutestamentliche Wissenschaft*

INTRODUCTION

Judéo-christianisme et antipaulinisme

Il est à peine besoin de le dire tant la remarque se fait aujourd'hui insistante : les termes judéo-chrétien et judéo-christianisme sont équivoques. Au sens très large et atemporel ils désignent un complexe de croyances et de règles morales communes au judaïsme et au christianisme, le second les ayant reçues du premier. Mais le terme "judéo-chrétien" peut aussi évoquer un Juif devenu chrétien, comme ce fut le cas aux origines de l'Église. Que ce Juif ait alors nécessairement apporté avec lui une part de son judaïsme, c'est l'évidence même si l'on se réfère à celui qui, pourtant, donne à sa théologie un tout autre fondement que la loi mosaïque : Paul s'exprime en familier de l'Écriture, y puise ses arguments et les fait valoir selon une structure souvent typiquement juive. C'est ce qu'on retrouve à des degrés divers chez les autres écrivains du Nouveau Testament et, au-delà, dans une série d'ouvrages dont les auteurs témoignent à la fois de leur orthodoxie et d'une propension à accueillir thèmes, formules et images héritées soit de la Bible soit de l'ancien judaïsme[1]. Ajouter l'influence d'usages juifs, liturgiques en particulier, là où pour neutraliser on préférait à l'élimination le changement de sens[2]. Signalons enfin les nombreux chrétiens qui, sans être d'origine juive, subirent

---

1. Tel est le judéo-christianisme documenté par DANIÉLOU. À ce propos, voir en particulier les remarques critiques de SIMON-BENOÎT, p. 267 ; SIMON, "Problèmes" ; W.D. DAVIES, "Paul and Jewish Christianity according to Cardinal Daniélou : A Suggestion", *RSR*, 60, 1972, p. 69-78 ; R.A. KRAFT, "In Search of 'Jewish Christianity' and Its 'Theology' : Problems of Definition and Methodology", *ibid.*, p. 81-92 ; LÜDEMANN, *Antipaulinismus*, p. 49-51 ; *Opposition*, p.25-27 ; TAYLOR, "The Phenomenon", p. 313-314 ; S.C. MIMOUNI, *Le judéo-christianisme ancien*, p. 43-45.
2. Ainsi dans la Didascalie, à propos du jeûne pascal. Voir l'étude d'ensemble de SIMON, *Israël*, p. 356-393.

dès l'ère patristique et par la suite l'attrait du judaïsme, allant de l'adoption de certains rites ou prières à de plus sérieuses compromissions. Objets des attaques et des avertissements des responsables ecclésiastiques, ils sont généralement désignés du nom de "judaïsants".

Les groupes dont nous traiterons dans cette étude sont caractérisés par le fait qu'ils sont au moins pour la plupart composés de Juifs devenus chrétiens. Ceux-ci n'avaient pas laissé s'effriter leur religion native pour se fondre dans la masse pagano-chrétienne comme cela s'est produit dès la fin du Ier ou le début du IIe siècle, mais ils étaient demeurés fidèles à la double allégeance, unissant leur foi en Jésus au maintien des observance mosaïques[3]. Par là ils se marginalisaient et c'est pourquoi ils se sont vus relégués par les chefs et docteurs de l'Église majoritaire dans le domaine des sectes, cela avec d'autant plus de facilité que le facteur syncrétiste venait à l'occasion activer le mouvement.

Le parcours que nous allons accomplir à travers les documents de l'Antiquité chrétienne n'est pas des plus aisés, car rien n'est plus embrouillé que les données qui en découlent. La difficulté vient de ce que les auteurs n'on pas toujours la connaissance directe de ce dont ils parlent ainsi que d'une fâcheuse tendance à transférer à tel groupe les caractéristiques d'un autre, ou encore parce que, comme dans le cas des Ébionites, on recouvre d'une dénomination globale des groupes et des tendances en réalité non identiques. Pour couronner le tout, les problèmes qui affectent le roman pseudo-clémentin, ses sources et la "localisation" de son judéo-christianisme hétérodoxe ne sont pas pour faciliter la recherche.

On comprend que le fait d'être attaché à la circoncision et aux pratiques rituelles de la Tora n'incitait pas les groupes qu'on vient d'évoquer à la bienveillance envers Paul, responsable pour une bonne part d'un affranchissement réfléchi et théologiquement fondé de l'Église par rapport aux obligations juives et dont les lettres avaient dans celle-ci valeur d'Écritures sacrées. D'où, à l'ère post-apostolique, une attitude hostile qui rappelle l'opposition dont Paul avait été l'objet de son vivant de la part de certains chrétiens partisans d'un compromis

---

3. Cette définition du "judéo-christianisme" utilise le critère dogmatique et rituel, non celui de l'ethnie, quoiqu'il faille admettre que dans la majorité des cas ces chrétiens étaient de souche juive. Ce critère est celui qu'adoptent SIMON-BENOÎT, p. 267-268. Voir également TAYLOR, "The Phenomenon", p. 314-315 ("*Paul was therefore not a Jewish-Christian even though a Christian Jew*" : p. 315) ; NODET, p. 263. S.C. MIMOUNI (*Le judéochristianisme ancien*, p. 69-70) n'envisage pas la présence de pagano-chrétiens judaïsants dans ces groupes.

dont l'apôtre ne voulait rien entendre. Il est toutefois une exception dans le nombre. Elle mérite à ce titre d'être considérée en premier lieu, d'autant plus que, parmi les groupes et les mouvements classés dans la catégorie en question, elle est dans doute ce qu'il y a de mieux défini.

Chapitre premier

UNE EXCEPTION : LES "NAZORÉENS" OU "NAZARÉENS[1]" DE BÉRÉE

Épiphane, dans son *Panarion*, distingue deux groupes presque homonymes : les *Nasaraioi* et les *Nazôraioi*. Les premiers[2], qu'Épiphane est seul à mentionner[3], ne sont pas des chrétiens, mais, nous dit-il, une secte juive antérieure au christianisme, répandue au pays de Galaad, en Batanée et autres régions transjordaniennes. Ses membres, tout en admettant les patriarches, d'Adam à Moïse, pratiquaient la circoncision, le sabbat et toutes les observances juives, rejetaient la Tora ainsi que les sacrifices et ne mangeaient pas de viande. Nous n'avons pas à nous attarder sur ce sujet sinon pour distinguer nettement ce groupe, – non imaginaire quoique difficile à identifier[4] –, avec celui des *Nazôraioi* qui nous intéresse directement.

Concernant ces derniers, à la notice prolixe d'Épiphane[5] on doit

---

1. L'origine du terme *Nazôraioi* (Jérôme : *Nazaraei*) et de sa variante *Nazarènos* n'est pas examinée dans cette étude. On pourra consulter à ce propos, parmi les travaux récents, F. BLANCHETIÈRE, "La secte des Nazaréens et les débuts du christianisme", dans BLANCHETIÈRE-HERR, p. 65-91 (67-72) ; MIMOUNI, p. 212-222. L'origine toponymique (*Naṣrat*, Nazareth) est la mieux assurée, sans préjudice d'une dérivation religieuse où a pu intervenir l'hébreu *nṣr* ("observant").

2. Voir PRITZ, p. 45-47.

3. *Haer.*, XVIII ; XX, 3 ; XXIX, 6,1 ; 19,5.

4. Certains auteurs songent à y reconnaître les *Nazerini* de PLINE (*Hist. nat.*, V, 81 [19]), mais ceux-ci sont situés bien plus au nord, en Syrie, au sud d'Antioche et à l'est de Laodicée (Latakiya), sur l'Oronte. La région est habitée aujourd'hui par la secte chiite des Nuṣayri (aucun rapport avec les Nazareni : le nom vient de Muhammad ibn Nuṣayr).

5. Évêque de Constantia-Salamine en 367. Épiphane est né à Éleutheropolis (Bet Guvrin), en Judée vers 315.12, = n. 17, p. 17;

joindre les informations que Jérôme nous communique quelques dizaines d'années plus tard. Le groupe vivait dans les environs de Bérée[6] (aujourd'hui Alep, en Syrie). Il utilisait son propre évangile, à savoir l'évangile de Matthieu en hébreu[7]. Ces gens étaient de souche juive et observaient la loi juive ("circoncision, sabbat, et le reste") ; ils croyaient à la résurrection des morts et, avant tout, donnaient leur foi au Christ comme "enfant (*pais*) de Dieu[8]". Épiphane n'est pas sûr de leur croyance à la naissance virginale de Jésus[9] et Jérôme manque de consistance à ce propos[10]. À ces informations Jérôme ajoute que les Nazaréens reconnaissaient l'apostolat de Paul.

Avant d'aborder ce dernier point il est utile de se demander dans quelle mesure Épiphane et Jérôme ont eu une connaissance personnelle de cette Église. Épiphane a beau être originaire de Judée, sa notice est par endroit trop approximative pour relever d'une information directe. Quant à Jérôme, il a pu aborder certains membres de cette Église durant sa retraite au désert de Chalcis (374-379), mais on ne saurait accorder à son rapport d'être complet ni toujours cohérent.

---

6. ÉPIPHANE, *Hae*r., XXIX, 7,7 ; JÉRÔME, *De viris ill.*, 3 : PL, 23,613-616. D'après ÉPIPHANE (*Haer.*, XXIX, 29,7-8) ces chrétiens descendaient des réfugiés de Pella, donc de l'Église de Jérusalem. Mais il les localise aussi et entre autres "dans la région de Pella". Rien de cela n'est très clair ni très sûr. Le nom de *Iessaioi* aurait été porté par ces chrétiens "pendant peu de temps, avant que les disciples commencent à être appelés chrétiens" (*Haer.*, XXIX, 1,3), sur quoi Épiphane revient longuement (*ibid.*, XXIX, 4,9 - 5,4). D'après PRITZ (p. 39-42) cette appellation (à ne pas confondre avec *Essaioi*, Thérapeutes) ne serait pas pure invention d'Épiphane mais s'enracinerait dans quelque tradition, quelle que soit la valeur des étymologies qu'il propose pour le terme (Jessé, Jésus).

7. ÉPIPHANE, *Haer.*, XXIX, 9,4 ; JÉRÔME, *De viris ill..*, 3 : PL, 23,613. Mais dans des écrits ultérieurs (*Com. in Mat.*, 12,13 : CCh.L, 77, p. 90 *Adv. Pel.*, III, 2 : PL, 23, 570) Jérôme rapporte la chose comme une opinion.

8. ÉPIPHANE, *Haer.*, XXIX, 7,3. Le même Épiphane (*Haer.*, XXIV, 9,2-3) nous apprend que les Nazoréens étaient haïs et maudits par les Juifs. Sur les rapports (manifestement erronés) entre Elchasaï et les Nazoréens ainsi que sur le fait qu'un présumé Ébion (voir ici, p. 19) serait sorti de leurs rangs, voir PRITZ, p. 36-39.

9. *Haer.*, XXIX, 7,6 : "Au sujet du Christ, je ne peux pas dire s'ils sont captifs de la perversité de Cérinthe et de Mérinthe et considèrent (le Christ) comme un pur homme, ou si, comme c'est la vérité, ils affirment sa naissance de Marie par l'opération du Saint-Esprit."

10. Comparer *In Mat.*, 13,53-54 : SC, 242, p. 294 (écrit en 398) : les Nazaréens croient que Jésus est le fils du charpentier, et *Ep.*112,13 : PL, 22,924 (écrit en 404) : les Nazaréens sont d'accord avec l'orthodoxie pour reconnaître la naissance virginale.

Il est cependant difficile de nier qu'il ait puisé à bonne source ce qu'il nous communique de l'exégèse d'Is 9,1 par les Nazaréens[11]. Le texte latin du prophète porte : *"Primo tempore alleviata est terra Zabulon et terra Nephtali, et novissimo aggravata est via maris trans Iordanem Galilaeae Gentium. Populus qui ambulabat in tenebris vidit lucem magnam ; habitantibus in regione umbrae mortis lux orta est eis."* – "Au début les pays de Zabulon et de Nephtali ont été soulagés et en dernier lieu, le chemin de la mer au-delà du Jourdain, (celui) de la Galilée des Gentils, ont été accablés. Le peuple qui marchait dans les ténèbres a vu une grande lumière ; pour ceux qui habitent dans la région de l'ombre une lumière a surgi."

Voici, d'après Jérôme, l'explication de ce texte par les Nazaréens[12] : "Quand vint le Christ et que brilla sa prédication, le pays de Zabulon et de Nephtali furent les premiers à être délivrés des erreurs des scribes et de pharisiens, et (le Christ) ôta de leurs épaules le joug écrasant des traditions judaïques. Mais plus tard la prédication devint plus lourde (*ingravata est*), c'est-à-dire multipliée, par l'Évangile de l'apôtre Paul, qui fut le dernier de tous les apôtres (*novissimus omnium apostolorum*) : l'Évangile du Christ resplendit (alors) dans les confins des Gentils et le chemin de la mer entière. Pour finir, le monde entier, qui auparavant marchait ou était assis dans les ténèbres et était retenu captif dans les liens de l'idolâtrie et de la mort, a vu la claire lumière de l'Évangile."

Ce commentaire distingue deux étapes dans l'évangélisation du monde. L'une restreinte dans l'espace, est allée du Christ auprès des Juifs, ici représentés par les territoires galiléens de Zabulon et de Nephtali. L'effet est que les Juifs sont désormais délivrés des prescriptions rabbiniques. La seconde étape est l'oeuvre de Paul qui a prêché l'Évangile aux païens, de sorte que le monde entier a fini par en être éclairé.

Une première remarque concerne le rôle du Christ qui rappelle les passages de l'évangile de Matthieu sur le joug pesant que les scribes et les pharisiens impose aux épaules des gens (Mt 23,4) et auquel Jésus, maître plein de douceur, vient substituer son propre joug (11,28-30). On peut en déduire que ces chrétiens, qui pratiquent la Tora n'ont plus de lien avec le judaïsme alors soumis à l'autorité des

---

11. *In Is.* 9,1 : CCh.L, 73, p. 123-124. Voir PRITZ, p. 64-65.

12. D'après PRITZ (p. 65) ce commentaire aurait été écrit en araméen, à cause de la graphie *Nephthali*, ce qui s'accorde avec l'hébreu de la Bible, à la différence de *Nephtal(e)im* des Septante et du Nouveau Testament.

rabbins. Qu'en était-il à leurs yeux de la tradition interprétative ou loi orale, nécessaire à l'application quotidienne de la Tora ? Auraient-ils forgé leur propre *halakha* ? C'est plus que probable, mais on ne saurait en dire davantage faute de documents. L'information selon laquelle les Nazaréens utilisaient l'Évangile de Matthieu est ici confirmée. Dans quelle langue le lisaient-ils ? Épiphane et Jérôme nous parlent d'une traduction en "hébreu".L'expression, d'après l'usage[13], désigne normalement l'araméen. La traduction était complète, nous dit-on, ce qui la distingue du lectionnaire liturgique syro-palestinien. Pour cette raison le doute qui plane sur leur négation de la naissance virginale de Jésus est amplifié et il est bien possible qu'une confusion se soit opérée dans les "renseignements" et qu'on ait attribué aux Nazaréens ce qui était le fait d'autres groupes judéo-chrétiens[14].

Le commentaire d'Is 9,1 cité plus haut offre un écho indiscutable des lettres de Paul avec sa revendication d'apostolat doublée de la place qu'il s'octroie dans la liste des apparitions pascales qui font malgré tout de lui un apôtre[15], ainsi que sa qualité d'apôtre des Gentils (Ga 2,7.9). Si l'on ne peut affirmer, faute d'attestations, que cette Église possédait une collection des épîtres pauliniennes en traduction araméenne, elle devait en avoir quelques extraits. En toute hypothèse, Paul était reçu avec honneur chez ces chrétiens. Juifs comme lui, il le reconnaissaient facilement comme l'un des leurs, en oubliant qu'il avait posé les bases qui devaient, avec le temps, ôter de l'esprit des chrétiens toute envie de pratiquer la loi mosaïque et de s'y "asservir[16]". En stricte logique, – mais quelle religion se laisse ainsi guider ? –, on attendrait plutôt de ces groupes qu'ils rejettent Paul et ses écrits. C'est ce qui eut lieu dans les autres Églises ou courants judéo-chrétiens dont nous allons désormais traiter.

---

13. JOSÈPHE, *GJ*, VI, 96 ; *AJ*, III, 252 ; Jn 5,2 ; 19,13.17 ; 20,16.
14. Voir ici, p. 25.
15. Comparer 1 Co 15,8, Vg : *"Novissime (eschaton) autem omnium ... visus est mihi*, et JÉRÔME : *"Pauli, qui novissimus apostolorum omnium fuit."*
16. Ga 4,1-10 ; 5,1.

Chapitre II

LES ÉBIONITES

Dans l'ensemble du judéo-christianisme sectaire de l'Antiquité l'Ébionisme se signale comme une réalité historique indubitable. Mais on est embarrassé quand il s'agit de dessiner ses contours et, corollairement, de préciser son origine. Il est à peu près avéré aujourd'hui que le terme d'Ébionites recouvre souvent chez les Pères[1] un amalgame d'Églises ou de mouvements judéo-chrétiens marginaux dont on a grand-peine à démêler les composantes[2].

Adoptant la règle énoncée par Justin (*Dial.*, 35,6) selon laquelle les hérésies sont désignées par le nom de leur fondateur, les anciens imaginèrent l'existence d'un certain Ébion (Hébion)[3] qu'ils transmi-

---

1. Le dossier est réuni par KLIJN-REININK, p. 19-43. Au sujet de l'origine des Ébionites, voir l'aperçu des opinions dans J.E. TAYLOR, "The Phenomenon", p. 361.

2. Voir les remarques de STRECKER, p. 275 ; du même, art. "Ebioniten", RAC, t.IV, col. 488 ; KLIJN-REININK, p. 42-43 ; KOCH, p. 372-373 ; LÜDEMANN, *Antipaulinismus*, p. 259 ; *Opposition*, p. 195-196 ; TAYLOR, "The Phenomenon", p. 321-323 ; S.C. MIMOUNI, *Le judéo-christianisme ancien*, p. 257-258. Compte tenu des données en cause, les subdivisions effectuées par les modernes entre ébionisme "vulgaire" et "gnostique" (A. v. HARNACK, *Lehrbuch der Dogmengeschichte*, t. I, Tübingen, 1909 réimpr. Darmstadt, 1980, p. 310-334 324, n.1), ébionisme "pur" ou "pharisaïque" et ébionisme "essénien" (G. BAREILLE, DTC, t. IV/2, col. 1987-1995 ; MAGNIN, 1974, p. 234-246), ébionisme "ancien" et ébionisme "tardif", risquent fort d'être artifcielles, cela d'autant que dans plus d'un cas on fait trop légèrement appel aux Pseudo-Clémentines. Voir aussi dans le même sens G. BARDY, art. "Ébionites", Cath., t. III, col. 1231-1233 (ébionites orthodoxes, hérétiques, gnostiques).

3. TERTULLIEN, *Praesc.*, X, 8 ; XXIII, 5,11 : CCh.L, 1, p. 196 et 214 ; *Virg. vel.*, 6,1 : CChL., 2,1215 ; *Carn. Chr.*, 18,1 : CChL, 2, p. 905. PS.-TERTULLIEN, *Adv. omn. haer.*, 3,3 : CChL, 2, p. 1405 ; FILASRE, *Haer.*, 37 : CSEL, 38, p. 20 ; JÉRÔME, *Dial. adv. Luc.*, 23 : PL, 23,178 ; *Epist.*, 112,13.16 : PL, 22,924,927 ; EUSÈBE, *Onomasticon*, trad. de Jérôme : GCS, p. 173 ; ÉPIPHANE, *Haer.*, XXX, *passim* (Ébion aurait reçu son nom "par mode de prophétie", de la part de ses parents, annonçant ainsi la pauvreté de son futur génie : *Haer.*, XXX, 17,3.

rent aux générations suivantes et jusqu'aux temps modernes[4]. Il n'est
guère aujourd'hui d'auteurs à voir ici autre chose qu'un éponyme : le
mot *Ebionaioi* dérive de l'hébreu *ebyônîm* aramaïsé en *ebyonayê*, et
il signifie "pauvres". Certains Pères en ont profité pour se livrer à des
explications étymologiques. Ainsi Origène met ce nom en rapport
avec le manque d'intelligence religieuse des membres de la secte[5]. Il
va plus au fond des choses quand, dans son commentaire sur l'évangile de Matthieu[6], il fait un jeu de mots sur le grec *ptôchoi*, équivalent d'*ebyônîm*, et caractérise l'Ébionite comme celui qui est
"dépourvu (*ptôcheuonti*) de la foi en Jésus". Plus tard le même Origène écrit que les Ébionites "doivent, leur appellation à la pauvreté
de leur interprétation de la Loi[7]". Dans la même ligne Eusèbe soutient
que "les premiers (chrétiens) (*hoi prôtoi*) appelèrent à juste titre ces
hommes Ébionites, parce qu'ils avaient sur le Christ des idées pauvres
et basses" (*ptôchôs kai tapeinôs ... doxazontas*), refusant de croire à
sa divinité. Du reste, d'après Eusèbe, c'est l'ensemble des croyances
et des pratiques des Ébionites qui leur a valu ce nom "qui met en
relief la pauvreté de leur intelligence" (*tèn tès dianoias ptocheian*)[8].

De telles explications sont le fait de gens de l'extérieur. Quant
au point de vue de la secte, Épiphane, sans renoncer au supposé
Ébion, nous apprend que ses disciples se désignaient de la sorte parce
que, en raison de leur renoncement aux biens, ils réalisaient ce qui
était déjà en usage dans la communauté de Jérusalem au temps des
apôtres[9]. Cet appel à la tradition des origines est cependant trop commun pour fonder un lien historique si d'autres arguments ne viennent
pas l'étayer[10]. Cela vaut ici d'autant plus que rien ne prouve que la
communauté de Jérusalem ait porté le nom de "Pauvres[11]". Toutefois

---

4. MAGNIN, 1973, p. 239. F. BLANCHETIÈRE et R. PRITZ, "La migration
des 'Nazaréens' à Pella", dans BLANCHETIÈRE-HERR, p. 93-107 (107 : "peut-
être"). Auparavant : A. HILGENFELD, *Die Ketzergeschichte des Urchristentums*,
Leipzig, 1884, p. 423, 433, 436 ; Th ZAHN, *Das Evangelium nach Matthäus*, Leipzig, 1905 (2e éd.), p. 178, n. 14 (= p. 179) : "*wahrscheinlich*".

5. *De Princ.* IV, 3,8 : GCS, p. 334, SC, 268, p. 370.

6. 16,12 : GCS, p. 512.

7. *C. Cels.*, II, 1 : GCS, 1, p. 126 ; SC, 132, p. 276.

8. *Hist. eccl.*, III, 27,1.6.

9. *Haer.*, XXX, 17,2.

10. Voir les remarques de KECK, 1966, p. p. 55.

11. On peut considérer comme acquis le fait que l'expression de Paul en Ga
2,10 ne vise pas la communauté comme telle mais les nécessiteux qui s'y trouvent
(comparer Rm 15,26). Voir, entre autres, KECK, 1965, p. 100-129 ; STRECKER,
p. 274-275 ; C.E.B.CRANFIELD, *The Epistle to the Romans*, ICC, t. II, Édimbourg,
1979 (réimpr. avec corrections : 1983), p. 772 ; J.A. FITZMYER, *Romans*, AB, 33,

n'existe-t-il pas des écrits proprements ébionites susceptibles de nous éclairer sur les origines de cette "hérésie" ? Les fragments de l'Évangile dit "des Ébionites[12]" ne fournissent aucun renseignement à ce sujet. Dès lors on est tenté de s'inspirer des Pseudo-Clémentines. On y trouve en effet, dans la perspective des deux éons, un éloge de la pauvreté tandis que les biens de la fortune y sont considérés comme des péchés[13]. Mais d'abord, pour pouvoir utiliser ces données il faudrait être sûr qu'elles proviennent des Ébionites. Or, s'il est vrai qu'Épiphane puise dans les Clémentines pour étoffer son rapport sur la secte[14], il n'est pas certain que les matériaux ainsi incorporés soient ébionites, car les sources patristiques plus anciennes n'appuient guère cette provenance[15]. Quoi qu'il en soit, rien n'apparaît dans les Clé-

---

New York, 1993, p. 722. Contre E. BAMMEL, art "Ptôchos", ThWNT, t. VI, p. 909. Ces conclusions négatives touchant le rapport des Ébionites avec la communauté de Jérusalem ne sauraient être infirmées par un recours à la littérature de Qumrân. Car à supposer qu'une influence du mouvement dont elle émane ait pu s'exercer sur le christianisme naissant, ce qui n'est pas prouvé, le vocabulaire de pauvreté (*ebyôn* mais aussi *'anî* et *'anaw*) n'apparaît qu'épisodiquement pour désigner la secte (voir le détail dans KECK, 1966, p. 66-67), de sorte qu'il n'a pu marquer la communauté chrétienne d'une empreinte dont les Ébionites seraient les héritiers. Les déductions de Ch. GRAPPE (*D'un temple à l'autre. Pierre et l'Église pirimitive de Jérusalem*, EHPhR, 71, Paris, 1992, p. 126-127) à ce propos dépassent les possibilités de leurs prémisses.
    12. Voir ici, p. 23.
    13. *Hom.*, XV, 7-10. Voir aussi *Hom.*, XII, 6, où Pierre évoque son propre dénuement (voir Ac 3,6).
    14. Il agit ainsi apparemment dans la conviction que les Ébionites utilisaient ces matériaux. Le faisaient-ils réellement ? Ou encore Épiphane a-t-il opéré par déduction, à cause de certains points communs entre l'ébionisme et les matériaux pseudo-clémentins (voir KOCH, p. 274-278) ? Cette seconde possibilité paraît la mieux fondée, car elle correspond au caractère livresque et compilé de la notice d'Épiphane, lequel, note J.E. TAYLOR ("The Phenomenon", p. 324), et le seul à attribuer aux Ébionites "le végétarianisme, les bains de purification, l'obligation du mariage, le rejet du Temple et des sacrifices et autres caractéristiques des Elchasaïtes et des écrits pseudo-clémentins."
    15. Ainsi à propos des deux thèmes importants, communs au rapport d'Épiphane et aux Clémentines : la doctrine du vrai prophète, avec une attitude critique à l'égard des livres prophétiques de l'Ancien Testament (voir plus bas, le témoignage d'Irénée), et celle des fausses péricopes. Voir le détail dans KOCH, p. 268-315 (conclusion p. 309-315), étude qui met en lumière le procédé par lequel les matériaux pseudo-clémentins sont groupés par blocs (*clustered*) à l'intérieur du livre XXX du*Panarion* (voir KOCH, p. 270-271). Ces considérations battent en brèche la théorie de SCHOEPS (p. 313, voir aussi p. 58) estimant que "l'auteur des Kérygme de Pierre", ouvrage supposé entrer dans la composition de l'"écrit fondamental" du roman pseudo-clémentin (mais voir ici, p. 31), "est un Ébionite du IIe siècle qui a mené le

mentines qui fasse appel aux soi-disants "Pauvres" de la communauté
primitive : Pierre procède ici par raisonnement, non par tradition. Le
vide subsiste donc entre les origines chrétiennes et la première appa-
rition des Ébionites chez les Pères[16].

Par ailleurs il est impossible d'extraire des données patristiques
un repère chronologique ferme concernant le début de la secte : leurs
témoignages vont des temps apostoliques au règne d'Hadrien (117-
138), voire même plus tard dans le second siècle[17]. À supposer qu'on
doive situer le berceau du judéo-christianisme hétérodoxe en Transjordanie du nord[18], rien n'oblige à penser que le mouvement y a pris
naissance très tôt. Vu les gauchissements opérés en son sein, il est
préférable d'admettre qu'un laps de temps substantiel s'étend entre sa
naissance et l'âge apostolique.

Quant à dire pourquoi le groupe portait le nom de "Pauvres",
l'idée d'un héritage de la communauté primitive ayant été mise en
doute, un point peut être considéré comme sûr : il ne peut s'agir d'une
désignation méprisante venue de l'extérieur et dont, par réaction la

---

combat défensif de ses coreligionnaires contre la gnose marcionite". Sur ce point (p.
17) Schoeps accorde trop de crédit à Épiphane dont par ailleurs il reconnaît la confusion. D. BARTHÉLEMY ("Qui est Symmaque ?", *CBQ*, 36, 1974, p. 451-465), pour
combattre la théorie de Schoeps qui fait de Symmaque un Ébionite, part du présup-
posé même de Schoeps en admettant, dès l'abord, "comme source essentielle de notre
connaissance de l'ébionisme la reconstitution des *Kerygmata Petrou* telle qu'elle est
proposée par Waitz et Schoeps à partir des passages des *Recognitiones* et des *Homélies* pseudo-clémentines". Comparer les remarques prudentes de FITZMYER, p. 349
ou 452 ou 214. STRECKER (p. 214, 219-220) va plus loin : à ses yeux les traits
gnostiques et l'hellénisme (citations bibliques d'après les Septante et le style sans
trace de bilinguisme) des Clémentines n'appuient pas une origine ébionite ; le même
auteur s'oppose à la théorie de REHM (p. 141) prétendant isoler à l'aide d'arguments
stylistiques des "interpolations ébionites" dans les Homélies. Sur les opinions touchant le rapport entre les Clémentines et l'ébionisme, voir F.S. JONES, "The Pseudo-
Clementines", p. 84-95.

16. Voir KOCH, p. 224-226.

17. Ce vide n'implique aucunement qu'on doive adopter la théorie radicale
de J. MUNCK qui refuse toute continuité entre le judéo-christianisme des temps
apostoliques et celui qu'attestent les Pères : les mouvements judéo-chrétiens ne
sont pas nés des pierres de Transjordanie ou de Syrie ! Mais il est tout aussi ris-
qué de rattacher l'origine du judéo-christianisme sectaire en ces régions à la
fuite des chrétiens de Jérusalem à Pella, étant donné le doute historique qui plane
sur cette tradition. Voir les remarques de J.E. TAYLOR, "The Phenomenon",
p. 316.

18. Quoique cette localisation soit la plus solide, les données patristiques
(Eusèbe, Jérôme, Épiphane) sont loin d'être claires au sujet de la situation géogra-
phqiue de la secte. Mais s'agit-il du même groupe ? Voir KLIJN-REININK, p. 27,43 ;
KOCH, p. 221-224.

secte aurait fait un titre de gloire[19]. Comme l'a souligné Leander E. Keck[20], une telle suggestion n'est pas nécessaire, vu la longue tradition des pauvres religieux présente dans l'Ancien Testament et le judaïsme ; d'autre part aucun parallèle n'a pu être allégué où telle couche sociale servirait d'étiquette aux opposants pour désigner un groupe sectaire. En revanche on peut admettre qu'un tel groupe, ayant expérimenté une situation socio-économique douloureuse, ayant souffert aussi de la malveillance voire des persécutions du milieu environnant, se soit désigné lui-même su nom du "Pauvres" en imprimant tout à la fois à ce nom un caractère religieux : les pauvres figurent en effet dans la Bible comme des privilégiés divins et, surtout, ils avaient été spécialement béatifiés par Jésus. Si, comme le soutient Épiphane, le rapport avec la communauté primitive a été établi par les Ébionites, ce rapport apparaît comme un phénomène plutôt tardif et à but apologétique[21].

Il n'est pas facile d'acquérir une connaissance précise des croyances et des pratiques en honneur chez les Ébionites. Mais tous les témoignages s'accordent sur un point : les Ébionites pratiquaient les observances mosaïques, en particulier la circoncision. Est également bien assuré l'emploi chez eux d'un seul évangile, encore qu'on ait peine à l'identifier et à le définir[22]. À la différence des gnostiques, les Ébionites demeuraient fidèles aux vues juives classiques sur l'unique Dieu créateur du monde et, par là, accordaient leur foi à celle de la Grande Église. En revanche leur christologie les éloignait de celle-ci par des vues adoptianistes et docétistes[23]. On attribuera au

---

19. Contre SCHOEPS (p. 8-9,402, n.2) qui pense que les premiers chrétiens ont commencé à être désignés de la sorte à cause de leur appartenance aux couches inférieures du peuple, puis se sont parés du titre après leur fuite à Pella en se souvenant des béatitudes de Jésus. En fait, c'est l'inverse qui a eu lieu, quand les Pères se sont risqués à interpréter le nom d'Ébionites à la défaveur de ceux qui le portaient : voir ici p. 20, et SIMON, *Israël*, p. 279.

20. 1966, p. 65, n.37.

21. Ces perspectives sont largement redevables à KECK, 1966, p. 65-66.

22. Irénée (voir plus bas), suivi par Épiphane, parle de l'évangile de Matthieu ("altéré et mutilé" selon ÉPIPHANE, *Haer.*, XXX, 13,2), Eusèbe, de l'évangile des Hébreux. Sur cette question, remarquablement embrouillée, voir SCHOEPS, p. 25-33 ; A. DE SANTOS OTERO, *Los evangelios apócrifos*, BAC, Madrid, 1956, p. 35-36, 51-53 ; Ph. VIELHAUER, dans HENNECKE-SCHNEEMELCHER, t. I, p. 100-102 ; Ph. VIELHAUER, *Geschichte der urchristlichen Literatur*, Berlin, 1975, p. 633-661 ; KOCH, p. 61-64, 239-244.

23. Lire *similiter* (sans *non*) en IRÉNÉE, *Adv. haer.*, I, 26,2, d'après le grec (*homoiôs*) et pour des raisons syntaxiques : après avoir signalé la différence qui sépare les Ébionites de Cérinthe au sujet de la divinité, le texte lui oppose leur accord, avec celui de Carpocrate, dans le domaine christologique : voir LÜDEMANN, *Antipaulinismus*, p. 258, n. 5 ; *Opposition*, p. 195, n. 5 ; contre KLIJN-REININK, p. 19-20, SIMON, *Israël*, p. 292-294.

moins à une partie d'entre eux[24] la négation de la naissance virginale de Jésus[25]. Ajouter enfin les ablutions et certains usages particuliers en matière eucharistique[26].

Mais venons-en à notre sujet. Si les Ébionites étaient fidèles à la loi de Moïse, cette fidélité n'avait rien à voir avec la tolérance que Justin prête à certains judéo-chrétiens vivant selon les règles mosaïques sans prétendre les imposer aux chrétiens venus de la gentilité[27]. Car les Ébionites rejetaient Paul et ses lettres, Paul dont justement l'action avait consisté à libérer les pagano-chrétiens du joug des observances juives. De cet antipaulinisme foncier, qui "paraît avoir effectivement caractérisé le christianisme ébionite tout au long de son histoire et dans toutes ses nuances[28]", relevons à présent les indices à travers les témoignages indirects de la littérature patristique.

Le premier en date est aussi le premier à faire mention des Ébionites. Voici la notice principale d'Irénée à leur sujet :

> Ceux qu'on appelle Ébionites admettent que le monde a été fait par le vrai Dieu, mais, pour ce qui concerne le Seigneur, ils professent les mêmes opinions que celles de Cérinthe et de Carpocrate. Ils n'utilisent que l'Évangile selon Matthieu[29], rejettent l'apôtre Paul qu'ils accusent d'apostasie à l'égard de la loi (*apostolum Paulum recusant, apostatam eum legis dicentes*). Ils s'appliquent à commenter les prophéties avec une minutie excessive (*curiosius*[30]). Ils pratiquent la circoncision et persévèrent dans les coutumes légales et dans les pratiques juives, au point d'aller adorer à Jérusalem, comme étant la maison de Dieu[31].

---

24. Voir ici, p. 18.

25. Le premier témoin est Irénée (*Adv. haer.*, V, 1,3), mais ce trait réapparaît sans cesse par la suite : voir SCHOEPS, p. 73 ; KOCH, p. 425-443.

26. Eau au lieu de vin (IRÉNÉE, *Adv. haer.*, V, 1,3 ; ÉPIPHANE, *Haer.*, XXX, 16,1 : célébration annuelle) ; pain azyme (ORIGÈNE, *In Mat.*, 79 ; ÉPIPHANE, *ibid.*). À propos des bains chez Épiphane, on soupçonne un emprunt à l'elchasaïsme.

27. *Dial.*, 47,2.

28. SIMON, *Israël*, p. 290.

29. Voir ici, p. 000, n. 000.

30. Au sujet de cet adverbe, voir STRECKER, p. 277, critiquant la traduction de KLIJN-REININK (p. 2), "*carefully*" ou "*diligently*"'(avec soin) et lui préférant "*neugierig*" et "*vorwitzig*", qui évoquent une curiosité indiscrète, ce qui est plus conforme au contexte polémique.

31. *Adv. haer.*, I, 26,2 ; trad. Rousseau-Doutreleau. À l'inverse de la terminologie employée par A. BENOÎT (*Saint Irénée. Introduction à l'étude de sa théologie*, EHPhR, 52, Paris, 1960, p. 124,126) et H.F. VON CAMPENHAUSEN (*La Formation de la Bible chrétienne*, trad., MondeB, Neuchâtel, 1971, p. 170), on évitera de parler d'Ébionites à propos d'un autre texte d'Irénée (*Adv. haer.*, III, 15,1) visant

Irénée a-t-il connu directement ceux dont il parle ? La chose est discutée[32]. Il reste qu'en ce qui concerne leur rejet de Paul[33], d'autres témoignages viennent s'ajouter au sien pour le confirmer. Ainsi, d'après Origène[34], "il y a (parmi les chrétiens) des sectes (*haireseis*) qui ne reçoivent pas les épîtres de l'apôtre Paul : tels sont les deux groupes d'Ébionites (*Ebionaioi amphoteroi*)[35] et ceux qu'on appelle Encratites. Ils ne citent pas l'apôtre comme un bienheureux et un sage".

Dans son commentaire de Jérémie 19,12 Origène va jusqu'à faire de Paul le digne émule du prophète persécuté, puisque, "maintenant encore, sur l'ordre d'un grand prêtre illégitime du Verbe[36], les Ébionites frappent l'apôtre de Jésus-Christ par des paroles calomnieuses", à l'instar de celui qui frappa Paul sur l'ordre du grand prêtre Ananie (Ac 23,2)[37].

---

les hérétiques (indiscutablement des judéo-chrétiens, sans autres précisions) qui rejetaient l'apôtre Paul tout en recevant Luc, cela, au détriment de la logique, puisque Luc, dans les Actes, témoigne en faveur de Paul. Mais Irénée, comme on l'a vu, précise ailleurs que les Ébionites n'utilisaient que l'évangile de Matthieu.

32. Comparer J.E. TAYLOR, "The Phenomenon", p. 321 (Irénée et Origène décrivaient "des groupes qu'ils ont connus de première main respectivement à Rome et en Égypte") et LÜDEMANN (*Antipaulinismus*, p. 258 ; *Opposition*, p. 195) : le fait de mettre dans le même sac Ébionites, Valentiniens et Marcionites montre clairement qu'Irénée ne connaît pas personnellement les premiers.

33. "Ce texte, écrit A. BENOÎT (*op. cit.*, n. 31, p. 130), ne dit pas expressément que les Ébionites rejetaient les lettres pauliniennes, mais c'était là la conséquence nécessaire de leur opposition à Paul en tant qu'apôtre."

34. *C. Cels.*, V, 65 ; trad. Borret.

35. Plus haut (V, 61 : GCS, 2, p. 65 ; SC, 147, p. 166) sont pareillement mentionnés "les deux sortes d'Ébionites" qui tous vivent selon la loi des Juifs mais se différencient en ce que les uns admettent la naissance virginale tandis que les autres la nient. Cette division se retrouve chez Eusèbe (voir plus bas, n. 39) avec une précision supplémentaire. D'après SCHOEPS (p. 16) Origène viserait dans le premier groupe "simplement des conventicules judéo-chrétiens qui n'étaient pas hérétiques mais demeuraient en lien avec la Grande Église". Mais comment Origène a-t-il pu considérer comme orthodoxe un groupe qui rejetait les lettres de Paul ? Il s'agissait d'une déviation autrement grave que certaines pratiques judaïsantes, telles que le "jeûne des Juifs" qu'Origène critique à l'occasion chez les chrétiens (*In Lev. hom.*10,2 : GCS, p. 442 ; SC, 287, p. 132).

36. ÉPIPHANE (*Haer.*, XXX, 18,2) affirme que les Ébionites "ont des prêtres (*presbyterous*) et des chefs de synagogues". Quoi qu'il en soit, le "grand prêtre" dont parle Origène doit être non pas Ébion, dont Origène ne parle jamais, mais le chef de la communauté, ce titre lui étant décerné sous l'effet du parallèle avec le grand prêtre Ananie du contexte précédent : voir P. NAUTIN, SC, 238, p. 222.

37. XIX, 12 : GCS, p. 167 ; SC, 238, p. 222.

Eusèbe, dans le chapitre de son *Histoire ecclésiastique* consacré aux Ébionites[38], n'ajoute guère de détails à ce qu'on sait déjà par Irénée et Origène. Il maintient en la précisant[39] la division de ce dernier quand il distingue lui aussi deux catégories d'Ébionites, quoique à la différence d'Origène, l'antipaulinisme ne figure chez lui qu'à propos de la seconde[40].

En fait Eusèbe n'appporte rien de neuf à ce sujet et sa formule est celle-là même que lui transmettait Irénée quand il écrit que ceux qui "mettaient tout leur zèle à accomplir soigneusement les prescriptions charnelles de la loi ... pensaient qu'il fallait complètement rejeter les épîtres de l'Apôtre, qu'ils appelaient un apostat de la loi" (*apostatèn ... tou nomou*)[41]. Le jeu de mots entre *apostolos* et *apostatès*, sauvegardé dans Irénée latin, retrouve ici sa forme originale.

En revanche ce jeu de mots disparaît quand Jérôme en vient à faire état de la même opposition, bien qu'il dépende ici manifestement de la formule d'Irénée reproduite par la suite[42]. À propos des apôtres froissant des épis un jour de sabbat pour se nourrir (Mt 12,2) il écrit : "Note que les premiers apôtres du Sauveur détruisent la lettre du sabbat, contre les Ébionites qui, tout en recevant les autres apôtres, rejettent Paul comme *transgresseur* de la loi" (*Paulum quasi transgressorem legis repudiant*)[43]. Cette modification, – comparer avec *apostata* d'Irénée latin –, s'explique en raison du contexte : les autres apôtres ont transgressé la loi en froissant les épis ; comment les Ébionites peuvent-ils rejeter Paul sous prétexte qu'il a transgressé la loi,

---

38. III, 27.

39. D'après Eusèbe, ceux qui admettaient la naissance virginale niaient la préexistence du Christ. Cette addition n'est pas originale : voir KLIJN-REININK, p. 25.

40. Eusèbe a-t-il lu Irénée, *Adv. haer.*, I, 26,2, selon la leçon qui nie que les Ébionites ont partagé les vues christologiques de Cérinthe, parmi lesquelles se trouve le refus de la naissance virginale (*Adv. haer.*, I, 26,1) ? Dans ce cas on pourait comprendre qu'ayant suivi Origène qui distinguait deux catégories d'Ébionites selon qu'ils croyaient ou non à la naissance virginale, il ait conclu qu'Irénée ne parlait que d'un des deux groupes en question, celui qui adoptait cette croyance. D'où la présence de l'antipaulinisme dans le second groupe. KLIJN-REININK (p. 26), qui proposent cette explication (d'après Schmidtke), le font d'autant plus facilement que pour eux la leçon *non similiter* en IRÉNÉE, *Adv. haer.*, I, 26,2, correspond à l'original, ce qui est loin d'être établi (voir p. 23, n. 23).

41. *Hist. eccl.*, III, 27,3-4 ; trad. Bardy.

42. C'est encore elle qui figure chez THÉODORET, *Haer.*, 2,1 : PG, 8,388. Noter qu'il n'y a pas d'allusion à quelque hérésie contemporaine dans le commentaire de 1 Co 9,2 par l'Ambrosiaster (PL, 17,229) : il s'agit là des judaïsants du temps de Paul.

43. *In Mat.*, II, sur Mt 12,2 : CChL, 77, p. 87 ; SC, 242, p. 236.

alors qu'ils reconnaissent les autres apôtres qui en ont fait autant ? La secte est ainsi convaincue d'illogisme.

La longue notice d'Épiphane sur les Ébionites (*Haer.*, 30) est une compilation d'éléments divers, d'emprunts à des sources supposées être ébionites[44]. Parmi celles-ci un ouvrage est explicitement nommé : son titre est *Anabathmoi Iakôbou*[45]. C'est à lui qu'Épiphane emprunte la notice suivante[46] où l'on apprend que les Ébionites

> ne rougissent pas d'accuser (Paul) par certains propos souverainement menteurs qu'ont fabriqués la perversion et l'égarement de faux apôtres de cette société. Ils l'appellent le Tarsiote, comme lui-même reconnaît cette origine et ne la nie pas. Mais ils ajoutent qu'il était d'origine grecque[47], prenant prétexte de la localité qu'il indique en toute candeur quand il dit : "Je suis tarsiote, d'une ville qui n'est pas sans renom" (Ac 21,39). D'où ils affirment qu'il était grec, fils d'une mère et d'un père grecs. Étant monté à Jérusalem et demeuré quelque temps dans cette ville, il aurait désiré épouser la fille du grand prêtre. À cette fin il se serait fait prosélyte et aurait été circoncis. Mais par la suite, n'ayant pas reçu la jeune fille en mariage, il se serait mis à écrire contre la circoncision, le sabbat et la loi[48].

Dans ces racontars, qu'Épiphane réfute par la suite[49], on reconnaît un écho des Actes des Apôtres et une information concernant les idées pauliniennes sur la loi. Mais l'auteur de cette histoire, tout en se souvenant du Nouveau Testament, n'a pas pris au sérieux les passages des lettres de Paul[50] où celui-ci affirme son origine juive[51]. Quoi qu'il en soit, le même auteur se singularise, car nulle part et d'où

---

44. Voir KLIJN-REININK, p. 31. Pour le détail voir *ibid.*, p. 28-38.

45. Sur le sens du titre, voir ici, p. 34, n. 28.

46. Ainsi la plupart des auteurs. KLIJN-REININK (p. 37) parlent de source inconnue, tandis que SCHOEPS (p. 464) incline à voir dans la source en question les "Actes ébionites des apôtres" mentionnés un peu auparavant, quoique le même auteur reconnaisse que l'expression d'Épiphane manque de netteté. En fait l'adverbe *entautha* renvoie ici de prime abord à l'ouvrage qui vient d'être indiqué, à savoir les "Montées de Jacques". Sur cet ouvrage et son titre, voir ici, p. 33-34.

47. C'est-à-dire païenne.

48. *Haer.*, XXX, 16.

49. *Haer.*, XXX, 25.

50. Ga 1,13-14 ; Rm 11,1 ; 2 Co 11,22 ; Ph 3,5.

51. Voir KOCH, p. 256. - La même négligence de cette documentation, pourtant d'une solidité à toute épreuve, se retrouve aujourd'hui dans les ouvrages fantaisistes de H. MACCOBY, *Paul et l'invention du christianisme*, trad., Paris, 1987, et de G. MESSADIÉ, *L'Incendiaire. Vie de Saül apôtre*, Paris, 1991.1991.

qu'elle provienne, la polémique antipaulinienne ne fait de l'apôtre un païen[52] et un prosélyte. On perçoit ici un certain intérêt pour les conditions du mariage mixte chez les Juifs[53] et en général, l'adaptation d'un des motifs les plus universels du conte : la fille du grand prêtre joue le même rôle que la fille du roi et le paganisme de Paul fait fonction d'obstacle. Pourquoi celui-ci ayant été surmonté, le mariage ne peut-il avoir lieu ? Cette lacune du récit ne peut être comblée que par des hypohèses dont aucune ne peut s'imposer comme la plus vraisemblable[54]. Mais l'échec est ici nécessaire pour rendre compte du revirement de Paul. Rien n'est dit cependant de son adhésion au christianisme : à prendre l'histoire telle qu'elle nous est rapportée, Paul revient à son paganisme originel, auquel s'ajoute désormais une polémique écrite contre les institutions juives. Toute est ménagé en sorte qu'il n'ait vraiment rien de commun avec ceux qui l'incriminent.

L'histoire qu'on vient de citer possède certains traits communs avec une section des Reconnaissances pseudo-clémentines. Avant de fournir une explication de ce phénomène, il nous faut aborder la question, assurément plus vaste, de l'antipaulinisme dans le roman pseudo-clémentin.

---

52. Malgré la suggestion de KOCH (p. 256, n.1) il n' y a pas d'allusion à Paul dans l'expression *tines ... apo tôn ethnôn* de la Lettre de Pierre à Jacques qui figure en tête des Homélies pseudo-clémentines. L'allusion vient seulement ensuite, avec l'"homme ennemi" : voir ici, p. 41-42.

53. Voir KOCH, p. 257.

54. Voir KOCH, p. 256-257.

Chapitre III

LE ROMAN PSEUDO-CLÉMENTIN.
LES RECONNAISSANCES

Introduction

Divers écrits ont circulé dans l'antiquité chrétienne sous le nom de Clément de Rome. Parmi eux se trouve le roman qui raconte ses aventures et celles de sa famille. En quête de vérité et troublé, Clément apprend que le Fils de Dieu s'est manifesté en Judée. La prédication de Barnabé à Rome le décide à prendre la route. Parvenu à Césarée, il rencontre Pierre qui l'instruit de la doctrine du "Véritable Prophète" et devient chrétien. Il accompagne ensuite Pierre dans ses randonnées missionnaires. Sa mère et ses deux frères jumeaux, alors que Clément était âgé de cinq ans, avaient quitté Rome à la suite d'un songe menaçant pour se rendre à Athènes. Comme ils n'y étaient pas arrivés, le père part à leur recherche et disparaît lui aussi. Finalement, par l'intermédiaire de Pierre, la famille se retrouve et se reconnaît. D'où le titre de "Reconnaissances" (*Recognitiones*) donnée à l'une des versions du roman dans la traduction latine de Rufin[1], l'autre, conservée en grec, portant le titre d'"Homélies". "En fait, note Joseph

---

1. Datée de 406 environ, elle est intégrale. On possède une version syriaque, du IVᵉ siècle, de grande valeur, comprenant les livres I-IV, 1,14. Voir CIRILLO, "L'antipaolinismo", p. 124 ; JONES, "Evaluating" ; *Source*, p. 51-109 : textes syriaque et latin, traduits, en synopse). Ajouter quelques fragments arméniens : voir V. CALZOLARI, "La tradition arménienne des *Pseudo-Clémentines*", *Apocr.*, 4, 1993, p. 263-293. – Signalons la traduction française des Reconnaissances par MAISTRE, *Saint Clément de Rome. Son histoire renfermant les Actes de saint Pierre, etc.* 2 vol. Paris, Palmé, 1883-84. Dans son introduction l'auteur défend opiniâtrement l'historicité du récit. La division de l'ouvrage ne correspond pas à celle des éditions tant de la patrologie de Migne que du Corpus de Berlin.

A. Fitzmyer[2], il y a autant de matériel homilétique dans les *Recognitiones* que de reconnaissances dans les *Homélies*." La majeure partie du roman est composée de part et d'autre des discours de Pierre et de ses discussions avec Simon le Mage. Les Homélies ont ceci de particulier que le récit est introduit par trois compositions : une "Lettre de Pierre à Jacques", puis un discours de Jacques (*Diamartyria* ou *Constestatio*), enfin une "Lettre de Clément à Jacques".

L'ensemble constitue le terme d'une élaboration. Bien que la critique soit encore tâtonnante à ce sujet[3], voici, en résumé, ce qu'il est possible de tenir pour le plus probable en faisant la part des zones d'ombre[4].

D'abord, Homélies et Reconnaissances ont entre elles de grandes similitudes, comme on peut le remarquer en mettant en synopse leurs deux textes. Mais les différences entre les deux versions sont importantes, qu'il s'agisse de la forme littéraire ou de la doctrine. Cette dernière est indiscutablement plus orthodoxe dans les Reconnaissances que dans les Homélies.

À l'origine se trouve l'alliage de deux récits. Le plus ancien met en scène Pierre et Simon le Mage s'affrontant en une joute théologique ; cette histoire s'apparente aux Actes de Pierre et doit se situer comme ces derniers au tournant du IIe et du IIIe siècle. De ce récit on a fait un "roman" en le combinant avec l'histoire de Clément et de ses retrouvailles, combinaison du reste laborieuse, au détriment du style et de la cohérence[5]. Sans trop de risque d'erreur on peut dater cette fusion vers le milieu du IIIe siècle[6]. Le roman a été par la suite dévié de son but premier. On l'a fait précéder d'une lettre de Clément à Jacques où le premier indique que ce qui va suivre a pour titre : "Abrégé, par Clément, des prédications de Pierre au cours de ses voyages[7]", et qu'il a été mis par écrit sur l'ordre de Pierre lui-même (*Ep. Clem.*, 20). Mais, pense l'auteur de ces préambules, la doctrine

---

2. P. 346-347 ou 449 ou 214.
3. Pour une histoire de la recherche, voir CULLMANN, p. 41-57 ; STRECKER, p. 1-34 ; WEHNERT, "Literarkritik", p. 270-282 ; VAN VOORST, p. 3-24 ; JONES, *Source*, p. 1-38.
4. On s'inspire ici principalement des travaux de Wehnert.
5. Voir les remarques de WEHNERT, "Entstehungsgeschichte", p. 222-225.
6. D'après une citation de *Rec*. X, 10,7 - 13,1 dans la Philocalie, un extrait possible du commentaire sur la Genèse d'Origène (mais il pourrait s'agir d'une interpolation), puis d'après une citation (directe ?) du *Peri eirmarmenès* de Bardesane (avant 222) dans *Rec*. IX, 19-29. Voir le détail dans WEHNERT, "Entstehungsgeschichte", p. 230-231.
7. *Klèmentos tôn Petrou epidèmiôn kèrygmatôn epitomè*.

de Pierre est menacée de falsification, comme en avertit la Lettre de Pierre à Jacques, d'où des précautions à prendre (*Ep. Petri*, 2). D'où aussi le serment solennel que Jacques requiert de ceux auxquels il transmet ces prédications (*Diamartyria*). Grâce à ces écrits les Homélies sont transformées en message ésotérique, en pleine contradiction avec ce qu'elles sont réellement, car Pierre prêche en public[8]. La rédaction définitive des Homélies peut être datée des années 270-290, celle des Reconnaissances du début du IVe siècle[9].

Pour les discours la tâche des critiques s'avère difficile. La thèse brillamment soutenue par Georg Strecker[10] selon laquelle à l'origine de l'écrit fondamental (*Grundschrift*) d'où procèdent les deux versions se trouve une source intitulée "Kérygmes de Pierre[11]" est aujourd'hui contestée. Les travaux d'approche de Josep Rius-Camps[12] et de Jürgen Wehnert[13] ainsi que les remarques de Gerd Lüdemann[14] à ce propos semblent bien sonner le glas d'une théorie déjà ancienne et qu'on avait fini par croire indiscutable. Toute la recherche effectuée sur ce terrain doit être reprise et d'abord pour mieux cerner, par une analyse philologique précise, les contours de l'écrit fondamental et, de là, poursuivre l'enquête de point de vue de l'histoire des traditions.

Aussi bien, dans l'exposé de l'antipaulinisme des Clémentines, nous laisserons de côté toute étiquette autre que celle des écrits dont nous disposons. Sans renoncer à faire des remarques sur la genèse des passages examinés, nous éviterons de les classer dans une source proprement dite, pour ne pas présumer des capacités actuelles de la recherche.

---

8. Rufin note, dans son Prologue, qu'il a omis dans sa traduction la lettre de Clément à Jacques, entre autres raisons parce que cette lettre est postérieure à l'oeuvre qui suit.

9. Voir WEHNERT, "Entstehungsgeschichte", p. 231-232.

10. P. 137-220. Dans le même sens voir W. PRATSCHER, *Der Herrenbruder Jakobus und die Jakobustradition*, FRLANT, 139, Göttingen, 1987, p. 122-126. Voir la critique de WEHNERT, "Entstehungsgeschichte", p. 234, n. 40.

11. Ce document supposé doit être soigneusement distingué de son homonyme (au singulier) *Tou Petrou kèrygma*, dont les fragments sont conservés pour l'essentiel sous forme de citations chez Clément d'Alexandrie. Voir M. CAMBE, "La *Prédication de Pierre* (ou le Kérygme de Pierre)", *Apocr.*, 4, 1993, p. 177-195.

12. Voir la Bibliographie, p. 72.

13. "Literarkritik", spéc. p. 300 ; "Entstehungsgeschichte", p. 233-235.

14. P. 229-230 (s'appuyant sur Wehnert).

Les Reconnaissances

Le livre I des Reconnaissances pseudo-clémentines inclut une composition[15] qui, nonobstant des éléments adventices[16], possède une certaine unité ainsi que des traits particuliers permettant de la dégager de l'ensemble où elle s'insère. Son contenu dans le discours de Pierre[17] est le suivant : d'abord un parcours de l'histoire du salut depuis Abraham jusqu'à la fondation de l'Église (ch. 33-34). Puis l'on apprend que, sept ans après la Résurrection, les disciples, appelés à Jérusalem par Caïphe, finissent par obtempérer et acceptent de discuter avec les Juifs au sujet de Jésus (ch. 44-53). Après une description des partis juifs (ch. 54), on assiste à la dispute des douze apôtres avec les représentants de ces derniers (ch. 55-65). Ensuite Jacques, évêque de Jérusalem, monte au Temple où, introduit par Gamaliel devenu chrétien en secret, il tient un discours devant le grand prêtre et le peuple. Ceux-ci sont sur le point d'accepter le baptême (ch. 66-69) quand survient "un homme ennemi". Acompagné d'un faible commando, il déclenche une mêlée sanglante et, pour finir, précipite Jacques des degrés du Temple et le laisse pour mort (ch. 70). Le chrétiens le relèvent. Plus loin on apprend que ce même "homme ennemi" reçut de Caïphe mission de poursuivre tous ceux qui croiraient en Jésus et (que), muni de lettres du grand prêtre, il devait se rendre à Damas pour y mettre à mort les fidèles en recourant à l'aide des infidèles" (ch. 71).

Cette composition peut être isolée de l'ensemble des Reconnaissances. Ici c'est Moïse lui-même, *fidelis et prudens dispensator*, qui a introduit le sacrifice à offrir au Dieu unique, étant donné l'habitude des Hébreux d'immoler aux idoles égyptiennes, "afin, pour ainsi dire, de couper par moitié un défaut profondément enraciné",

---

15. I, 33-71. Son extension ainsi que son rapport avec l'écrit fondamental sont discutés. Certains auteurs (VAN VOORST, p. 31-32 ; JONES, *Source*, p. 137), à la suite d'auteurs plus anciens, pensent que l'écrit fondamental comprenait aussi *Rec.* I, 27-32 (contre STRECKER, p. 221). STRECKER (p. 221-254), VAN VOORST (p. 29-46) et JONES (*Source*, p. 111-138) sont d'accord pour inscrire dans l'écrit fondamental *Rec.* I, 33-71, qu'aurait omis l'auteur des Homélies.

16. I, 44,3 - 54,4a (divers sujets traités sous forme d'un dialogue entre Clément et Pierre : voir STRECKER, p. 236), sans doute aussi I, 63,1-9 (voir STRECKER, p. 42) et I, 69,5b-7 (voir REHM, p. 96-97).

17. JONES (*Source*, p. 154-155) pense, en modifiant le point de vue de Waitz, que l'auteur de l'écrit fondamental est responsable d'avoir inscrit l'ensemble I, 27-71 au compte de Pierre alors que l'écrit original avait été composé sous le nom de Matthieu du fait que ce dernier figure en tête dans l'ordre d'intervention des disciples en I, 55-62.

en attendant son éradication définitive[18]. Dans le reste des Clémentines, en revanche, le rejet des sacrifices est justifié par la théorie des fausses péricopes[19]. Jean-Baptiste, d'après "Simon le Cananéen" argumentant avec les Juifs, est le précurseur de Jésus comme dans les évangiles canoniques[20], alors que dans la liste des Syzygies[21], il est placé du côté féminin (voir Mt 11,11, par. : *en gennètois gynaikôn*) et négatif. Du reste rien dans cette partie des Reconnaissances ne laisse soupçonner la théorie en question ni ne porte l'empreinte du gnosticisme. Alors que d'après *Rec.*, I, 59,2-3 Jésus est présenté par Barthélemy comme supérieur à Moïse, étant le Christ, ailleurs[22] Moïse et Jésus sont en quelque sorte mis sur le même pied, puisqu'il suffit aux Hébreux d'accomplir les préceptes de Moïse pour être sauvés, les chrétiens devant, pour le même résultat, se soumettre à l'enseignement du Christ. La mort de Jésus occupe une place dans *Rec.*, I, 33-71[23], alors que le reste des Clémentines ne semble pas lui accorder d'importance théologique[24].

De la consistance propre de cette section dans son contexte actuel on peut déduire que le rédacteur des Reconnaissances a incorporé ici un matériau traditionnel. Celui-ci se répartit sans peine entre deux éléments principaux si l'on note que le récit du martyre de Jacques qui y figure connaît par ailleurs une existence autonome selon de multiples versions[25]. Le reste est composite et de genre littéraire différent, non sans de substantielles interventions du rédacteur[26].

À cause des similitudes entre *Rec.*, I, 33-71 et la notice d'Épiphane sur les Ébionites[27], on ne peut éviter d'établir un rapport entre cette section des Reconnaissances et l'ouvrage dont Épiphane nous donne un extrait et qu'il désigne du nom d'*Anabathmoi Iakôbou*, ordinairement traduit par "Montées de Jacques". Des deux côtés en effet on trouve une critique commune des sacrifices par Jacques prêchant

---

18. *Rec.*, I, 36,1. Voir les parallèles patristiques dans STRECKER, p. 226 (addition p. 283).

19. Voir STRECKER, p. 179-184.

20. *Rec.*, I, 60,4.

21. *Rec.*, III, 61,2 ; *Hom.*, II, 17,2. Voir ici, p. 46-48.

22. *Hom.*, VIII, 5-7 ; atténué en *Rec.*, IV, 5.

23. I, 41,2-3 ; 43,3 ; 59,7.

24. Sa mention en *Hom.*, III, 19,1 fait exception, mais le ch. 19 paraît avoir été retouché : voir STRECKER, p. 160 et 222, n. 3.

25. Voir LÜDEMANN, *Antipaulinismus*, p. 231-237 ; *Opposition*, p. 171-177.

26. Voir LÜDEMANN, *Antipaulinismus*, p. 237-240 ; *Opposition*, p. 177-180.

27. Voir ici, p. 27.

dans le Temple et un antipaulinisme déclaré[28]. Mais les différences entre les deux récits ne sont pas négligeables. D'après Épiphane Paul est un prosélyte qui, par déception, se fait l'adversaire du judaïsme ; dans les Reconnaissances (I, 70-71) Paul affirme ses convictions juives en persécutant les chrétiens, de surcroît sur l'ordre du grand prêtre. Enfin le récit des Reconnaissances accuse un contact évident avec la tradition du martyre de Jacques, laquelle n'affleure aucunement dans la notice d'Épiphane. Aussi bien renoncera-t-on à établir quelque rapport de dépendance ditrecte entre l'ouvrage connu d'Épiphane et les données incorporées aux Reconnaissances. Bien plutôt il faut songer ici à deux variantes d'une légende ayant subi des gauchissements au gré des auteurs et des tendances[29].

La tradition concrétisée à la fois dans le *Panarion* d'Épiphane et les Reconnaissances pseudo-clémentines méritent à peine d'être qualifiées de judéo-chrétiennes[30], car elle liquide toute la législation cultuelle de l'Ancien Testament pour ne retenir de la loi que le Décalogue[31],

---

28. Ajouter (avec STRECKER, p. 252) que dans les deux récits il est question de "montées" : Épiphane (*Haer.*, XXIX, 16,7) porte *anabathmous* et *Anabathmoi Iakôbou* ; en *Rec.*I, 66 on lit : "*Igitur postera die Jacobus episcopus nobiscum simul et cum omni ecclesia* ascendit *ad templum.*". Cependant le sens du mot *anabathmos* est discuté. Épiphane (*ibid.*), en fait un synonyme de *hyphègèsis*, "direction", "avis", "enseignement". STRECKER (p. 252), suivant Zahn, donne *anabasis* ("montée") comme équivalent. Mais le sens premier d'*anabathmos* est "degré", "marche". À supposer qu'on l'étende au sens dérivé de "montée", le pluriel fait difficulté, car on est en peine de trouver dans le récit des Reconnaissances plus d'une montée de Jacques au temple. Comme en *Rec.*, I, 70,8 il est question des "degrés" du haut desquels Jacques est précipité à l'instigation de Paul ("*de summis gradibus precipitem dedit*"), on a tout intérêt à laisser au mot *anabathmos* son sens naturel : c'est l'escalier du temple et l'action qui s'y déroule : voir VAN VOORST, p. 45-46.

29. Dans ce sens STRECKER (p. 252-253) : les deux versions dépendent d'un "archétype commun". LÜDEMANN (*Antipaulinismus*, p. 241-242 ; *Opposition*, p. 180-181) désigne la tradition légendaire de base du nom de "RI-Quelle" (RI = *Recognitiones*, livre I), lequel correspond au sigle "AJ" de Strecker qui recouvre l'archétype dont dépendent à la fois la notice d'Épiphane (= AJ I) et *Rec.*, I, 33-71 (= AJ II).

30. LÜDEMANN (*Antipaulinismus*, p. 245 ; *Opposition*, p. 183) lui dénie carrément ce droit. Pour MARTYN (p. 62) au contraire, cet auteur "est un judéo-chrétien, membre d'une Église elle-même judéo-chrétienne", affirmations qui paraissent bien catégoriques.

31. *Rec.*, I, 35,2, où la loi sinaïtique est ramenée aux dix commandements, tout particulièrement au premier d'entre eux. Noter ici la différence avec la Didascalie syriaque dont la théorie est que la loi cérémonielle, ou *deuterôsis* (syr., *tenyan namusa*), est une mesure intérimaire valable jusqu'à son abolition par le Christ (ch. 26 : Lagarde, p. 107).

n'impose plus la circoncision[32] et professe des vues universalistes : la venue du Christ ayant aboli le temps des sacrifices pour les remplacer par le baptême[33], la destruction du Temple est le châtiment de ceux qui ont refusé de tenir compte de cette substitution et désormais l'Évangile sera prêché aux Gentils[34]. Le groupe chrétien dont est issue pareille tradition se situe dans une position sans doute intermédiaire mais d'où l'essentiel du judaïsme a disparu. Ce groupe n'en est pas moins convaincu d'être l'héritier légitime de l'Église réunie à Jérusalem autour de Jacques et, comme telle, dépositaire du dessein de Dieu sur Israël[35].

Quant à situer cette communauté dans le temps, le recours de l'écrit en question aux évangiles de Matthieu et de Luc, plus spécialement aux Actes des Apôtres, fixe le *terminus a quo* à la fin du premier siècle. On peut même l'avancer d'après *Rec.*, I, 39,3[36] : en annonçant que les Juifs incrédules "doivent être bannis de la terre et du royaume de Judée", le texte cadre mieux avec l'édit d'Hadrien (135 ap. J.-C.)[37], – en l'occurrence antédaté sous Vespasien –, qu'avec les conséquences de la prise de Jérusalem en 70. Le *terminus ad quem* est fixé par le *Panarion* d'Épiphane (374/377) si l'on admet, comme on l'a fait plus haut, que l'écrit qu'il allègue représente une variante parallèle de *Rec.* I, 33-71. Georg Strecker[38] et Marcel Simon[39] songent à Pella ou ses environs comme lieu d'origine de cette tradition. Cette opinion est justifiée. L'argument essentiel[40] est ici que le textes

---

32. En *Rec.*, I, 33,5, elle n'est mentionnée que comme héritage d'Abraham chez les peuples nés de lui durant sa période païenne. MARTYN (p. 61) suppose que la communauté porteuse de cette tradition pratiquait à la fois la ciconcision et le baptême chrétien. Mais bien qu'on ne perçoive ici aucune polémique contre la circoncision, on ne peut déduire des textes qu'elle était pratiquée.

33. *Rec.*, I, 39.55. Voir STRECKER, p. 228-229.

34. *Rec.*, I, 64. Cette vue des faits, qui s'oppose à l'histoire, et par ailleurs unique. En particulier aucun évangile ne présente l'annonce aux païens comme devant être inaugurée après la catastrophe de 70.

35. *Rec.*, I, 32, 1 : "*Abraham a quo nostrum Hebraeorum* (syr., *et Iudaeorum*) *deducitur genus*" ; I, 60,7 : "*(Iesus) Iudaicum corpus adsumpsit et inter Iudaeos natus est*".

36. Voir STRECKER, p. 231,253-254 ; LÜDEMANN, *Antipaulinismus*, p. 243 ; *Opposition*, p. 182..

37. Voir Ariston de Pella, *ap.* EUSÈBE, *Hist. eccl.*, IV, 6,3.

38. P. 253.

39. "La migration", p. 49 ou 489.

40. À l'encontre de l'argumentation de LÜDEMANN (*Antipaulinismus*, p. 243-244 ; *Opposition*, p. 182-183) on peut négliger le rapprochement entre la théologie de la préexistence du Christ et de son rôle dans la création chez Ariston de Pella (Ariston lisait *in filio* en Gn 1,1 : voir M.J. ROUTH, *Reliquiae sacrae*, t. I, Oxford, 1846 2ᵉ éd, p. 95-97,98-109) et le motif du "Christ éternel" dans les Reconnaissances. Car le Nouveau Testament lui-même (1 Co 8,6 ; Col 1,16 ; Jn 1,3 ; He 1,2) s'inscrit en faux contre le caractère isolé de cette conception.

des Reconnaissances[41] contient une allusion suffisamment claire à l'épisode de la fuite de la communauté de Jérusalem à Pella. Historique ou non[42], cet épisode figurait à coup sûr dans les archives des Églises de ces régions, qui s'en prévalaient comme "quartiers de noblesse apostolique[43]".

Après ces considérations générales mais nécessaires, venons-en à l'antipaulinisme. Le récit qu'on va citer fait suite au discours de Jacques. Son succès est désormais assuré. Hélas ! un intrus vient briser tout son effet :

> Lorsqu'ils étaient sur le point de venir et d'être baptisés, un homme ennemi (*homo quidam inimicus*)[44] entra dans le temple et se mit à crier : "Que faites-vous, ô Israélites[45] ? Pourquoi vous laissez-vous si facilement séduire ? Pourquoi vous livrez-vous si précipitamment à la conduite d'hommes misérables et séduits par un magicien[46] ?" Comme il disait ces choses et leur en ajoutait d'autres et que Jacques (néanmoins) l'emportait sur lui, il se mit à troubler le peuple et à susciter le tumulte, afin que les gens ne pussent entendre ce qui se disait. Par ses clameurs il se mit à jeter partout l'agitation, à renverser tout ce qui avait été disposé et mis en ordre avec beaucoup de peine[47] ; en même temps il accusait les prêtres. Par ses injures et ses reproches il soulevait tout le monde et, tel un fou furieux, excitait chacun au meurtre : "Que faites-vous ? Pourquoi n'attaquons-nous pas ces gens pour les mettre en pièces ?" À ces mots, ayant saisi sur l'autel un solide brandon, il déclencha le massacre. Les autres, à sa vue, étaient emportés d'une semblable furie. Tous crient, ceux qui frappent et ceux qui sont frappés, le sang coule abondamment, on

---

41. I, 39,3 (syr., I, 37,2). Voir LÜDEMANN, *Antipaulinismus*, p. 277 ; *Opposition*, 208.

42. Pour faire court et sans pouvoir traiter ici ce sujet discuté, voir la mise au point récente de F. BLANCHETIÈRE et R. PRITZ, "La migration des 'Nazaréens' à Pella", dans BLANCHETIÈRE-HERR, p. 93-110. Les conclusions des auteurs sont que *certains* chrétiens, sortis de Jérusalem, ont été interceptés par les troupes romaines et assignés à résidence à Pella où ils ont reconstitué une communauté, le tout se déroulant le plus sûrement au cours de l'année 68, au début du siège de Jérusalem.

43. SIMON, "La migration", p. 49 ou 489. L'auteur voit ici un argument positif en faveur de l'historicité de l'épisode en question et reproche à Strecker de contester celle-ci alors qu'il reconnaît l'allusion en *Rec.* I, 39,3.

44. L'expression vient de Mt 13,28.

45. *O viri Israelitae :* voir Ac 2,22 ; 3,12 ; 5,35 ; 13,16 ; 21,28.

46. Il s'agit de Jésus et non de Simon le Mage, contre l'édition de Migne. Voir aussi 42,4 : même accusation de magie du fait qu'on n'a pas trouvé le corps de Jésus après sa sépulture. Voir TOSOLINI, p. 372, 389.

47. Allusion à la prédication de Jacques sept jours durant.

s'enfuit en désordre. Entre temps cet homme ennemi, s'en étant pris à Jacques, le précipita du haut des degrés du Temple[48]. Le croyant mort, il négligea de poursuivre son châtiment[49].

Les nôtres cependant le relevèrent et le recueillirent, car ils étaient plus nombreux et plus forts que leurs adversaires. Mais par respect pour Dieu, ils préféraient être mis à mort par ce petit nombre plutôt que de tuer autrui.

Le soir venu, les prêtres ferment le Temple. Quant à nous, revenus à la maison de Jacques, nous descendîmes à Jéricho au nombre de cinq mille hommes.

Trois jours après, un des frères vint nous trouver de la part de Gamaliel ... nous apportant une nouvelle secrète : cet homme ennemi avait reçu mandat du grand prêtre Caïphe pour persécuter tous ceux qui croiraient en Jésus et pour se rendre à Damas muni de lettres afin d'y utiliser l'aide des infidèles[50] pour mettre à mort les fidèles. En fait, la raison de se hâter spécialement vers Damas était qu'il pensait que Pierre s'y était réfugié. Après trente jours environ il passa par Jéricho[51] en gagnant Damas, mais durant ce temps nous nous étions rendus aux tombeaux de deux de nos frères, ces tombeaux qui blanchissaient spontanément chaque année. Par ce miracle la fureur de beaucoup s'apaisa, car ils voyaient bien que les nôtres étaient considérés auprès de Dieu[52].

Cette histoire est à l'origine parfaitement indépendante du récit traditionnel du martyre de Jacques avec lequel elle fusionne ici. Rien en effet dans les versions autonomes du martyre ne laisse filtrer le moindre antipaulinisme[53] ni même ne contient d'allusions à Paul.

D'autre part la présentation de l'apôtre qu'on vient de lire, si elle accuse quelques traits communs avec celle des Ébionites d'Épiphane (on l'a vu plus haut[54]), possède des caractéristiques propres sur lesquelles il est nécessaire de s'attarder quelque peu.

Plusieurs auteurs[55] suggèrent que cet épisode, ayant été tronqué,

---

48. Sur les versions parallèles, voir LÜDEMANN, *Antipaulinismus*, p. 233-236 ; *Opposition*, p. 173-176.

49. I, 70.

50. Écho des persécutions juives sous la forme rapportée en Ac 13,50 ; 14,2-5 ; 17,5-9 ; 18,12-15 ; voir aussi Mt 10,18 ; Lc 12,11.

51. Ce détour est requis par la trame du roman où s'insère l'épisode de Paul.

52. I, 71.

53. Voir LÜDEMANN, *Antipaulinismus*, p. 247-248 ; *Opposition*, p. 185..

54. P. 27.

55. SCHOEPS, p. 452-453 (sur les prétendus "Actes ébionites des apôtres", voir cependant WEHNERT, "Literarkritik", p. 282, n. 144) ; STRECKER, p. 253 (avec un point d'interrogation) ; MARTYN, p. 61.

se prolongeait par le récit de la conversion de Paul sur le chemin de Damas. De fait, celui qui nous apparaît ici est le Paul préchrétien, mais l'auteur du récit incorporé en *Rec.*, I, 33-71 n'avait que faire de son adhésion au christianisme. En reprenant la figure de Paul persécuteur des chrétiens telle qu'elle est dessinée dans le Nouveau Testament et en l'ornant de traits légendaires, l'auteur l'utilise pour combattre Paul chrétien et discréditer son apostolat[56]. Si l'on en croit le texte, sans son intervention Jacques aurait converti les Juifs de Jérusalem, le grand prêtre en tête. Cela a valeur de symbole et l'on peut dire que si la mission auprès des Juifs a échoué, c'est Paul qui en est responsable.

Mais le scénario ne va pas sans de curieux amalgames. À un Jacques qui prêche une interprétation de la loi dégagée des obligations cultuelles pour se ramener au Décalogue, qui, par conséquent, à l'encontre de sa présentation néotestamentaire, adopte une position presque paulinienne, Paul s'oppose farouchement, devenant ainsi par le fait même le défenseur d'un judaïsme strict. Inversement, en amplifiant le *Martyre* par cet épisode adventice, l'auteur en fait l'expression d'un antipaulinisme critique vis-à-vis de la loi. À la vérité, tout ce qu'on pouvait savoir de l'un et de l'autre personnage grâce aux sources plus anciennes se trouve bouleversé au point qu'on ne s'y reconnaît plus[57].

Où plutôt on reconnaît ici la situation ambiguë soit d'une communauté soit d'un chrétien entouré de quelques adeptes, en tout cas de Juifs christianisés, désormais fondus dans la masse pagano-chrétienne et pénétrés de l'universalisme qui la caractérise, mais soucieux de le combiner avec leur judaïsme natif. Paul, "ennemi" classique des tenants de la loi, fait les frais de l'opération. Jacques, contre toute attente, est récupéré : le chef de file du judéo-christianisme au temps des apôtres, le chef de la communauté jérusalémite garde tout son prestige chez ceux qui se considèrent comme les héritiers de l'Église mère, mais c'est en perdant pour ainsi dire tout ce qui le signalait face à la tendance et à l'entreprise pauliniennes.

À cette affirmation de soi par le truchement d'une fiction faut-il joindre un geste à l'égard du judaïsme comme le propose Fabrizio Tosolini[58] ? En sacrifiant Paul n'ouvrait-on pas la porte au dialogue avec ceux qu'on espérait encore gagner à la foi en Jésus Messie ?

56. Voir MARTYN, p. 61 ; LÜDEMANN, *Antipaulinismus*, p. 246 ; *Opposition*, p. 184..
57. Voir LÜDEMANN, *Antipaulinismus*, p. 246 ; *Opposition*, p. 184.
58. P. 394-395,399-400.

Cela est d'autant plus probable que l'épisode de Paul vient au terme d'une série de dialogues avec les Juifs dont, malgré de sévères reproches, le but manifeste est de les convertir et que cette conversion allait se produire sans l'arrivée destructrice de Paul. Le projet apologétique est donc ici difficilement contestable.

Chapitre IV

LES HOMÉLIES PSEUDO-CLÉMENTINES

La version du roman pseudo-clémentin connue sous le nom d'"Homélies[1]" mérite une étude distincte de la précédente, eu égard à sa forme et à son contexte particuliers, notamment sous l'angle de l'antipaulinisme.

La Lettre de Pierre à Jacques et la *Diamartyria*

Comme on l'a déjà noté, les Homélies se signalent par le fait que le récit proprement dit est précédé de trois compositions dont les deux premières, la Lettre de Pierre à Jacques et la *Diamartyria* ou *Contestatio* touchent notre sujet. Dans la Lettre Pierre demande que soient prises certaines mesures de précautions concernant les livres de ses prédications qu'il envoie à Jacques. On ne les confiera qu'à des initiés, vu les multiples tentatives de détourner de son sens la "parole de vérité[2]" propagée par l'apôtre. Or, parmi ces fausses doctrines apparaît l'opposition à la loi mosaïque.

> En effet certains parmi les païens ont rejeté ma prédication conforme à la loi, ayant embrassé une doctrine de l'homme ennemi,

---

1. Le lecteur de langue française doit savoir qu'il existe une traduction intégrale des Homélies dans cette langue par A. SIOUVILLE (pseudonyme du prêtre crypto-moderniste Auguste Lelong), *Les Homélies clémentines. Première traduction française avec une introduction et des notes*, Paris, Rieder, 1933. On doit au même auteur une traduction de l'*Elenchos* d'Hippolyte de Rome : *Philosophoumena ou réfutation de toutes les hérésies. Première traduction française avec une introduction et des notes*, 2 vol., Paris, Rieder, 1928.

2. L'expression est paulinienne : voir 2 Co 6,7 ; Col 1,5 ; Ep 1,13 ; 2 Tm 2,15.

(doctrine) contraire à la loi (*anomon*) et frivole. Et certains ont encore
de mon vivant tenté de transformer mes paroles, grâce à des inter-
prétations variées dans le sens d'une abolition de la loi, comme si
telle était ma pensée personnelle mais sans que j'ose la propager
ouvertement ... Ceux-là, je ne sais comment, se réclamant de ma pensée, entreprennent d'interpréter les paroles qu'ils ont entendues de
moi mieux que moi-même qui les ai pourtant prononcées. Ils disent
à ceux qu'ils instruisent que c'est là mon point de vue[3].

C'est bien Paul que désigne ici encore[4], l'expression "l'homme
ennemi" empruntée à Mt 13,28 et qui, dès lors, fait de l'apôtre une
manière d'"incarnation de Satan[5]". Son méfait et celui de ses adeptes
est non seulement d'avoir refusé la prédication de Pierre conforme à
la loi mais encore d'attribuer à ce dernier une doctrine antilégale propagée sous le manteau.

Une allusion au "conflit d'Antioche" entre les deux apôtres (Ga
2,11-14) peut-elle être perçue dans cette polémique comme le pense
Strecker[6] ? D'après lui on reproche ici à Paul d'avoir établi un faux
rapport sur les faits en question. Malgré la critique de Lüdemann[7],
l'écho de ce passage paulinien est ici vraisemblable. Dans l'épître aux
Galates Paul reproche à Pierre d'avoir agi à l'encontre de ses convictions (prouvées par sa conduite antérieure) en se détachant des
pagano-chrétiens et de ne plus manger qu'en compagnie des chrétiens
d'origine juive comme lui. D'après la Lettre de Pierre Paul est accusé

---

3. *Ep. Petri*, 2,3-4.6-7.

4. Voir ici, p. 32.

5. LINDEMANN (*Paulus*, p. 105) est formel à ce propos. On ne saurait en
revanche attribuer la même visée à l'évangéliste, contre S.G.F. BRANDON, *The Fall
of Jerusalem*, Londres, 1951, p. 234-236 ; SCHOEPS (p. 127, n. 1), qui la tient seulement pour possible. Pour Matthieu l'ennemi n'est pas Paul mais le diable sans plus :
voir W.D. DAVIES, *The Setting of the Sermon on the Mount*, Cambridge, 1964,
p. 336.

6. P. 187. Dans le même sens, LINDEMANN, *Paulus*, p. 105.

7. P. 252. L'auteur verrait ici plutôt une allusion à ce qui suit l'incident d'Antioche dans l'épître aux Galates. En écrivant : "*Nous* ... , sachant que l'homme n'est
pas justifié par la pratique de la loi, mais seulement par la foi en Christ Jésus, nous
avons cru, *nous aussi* ..." (Ga 2,15-16), Paul pense avant tout à lui et à Pierre dont
il vient d'être question. Pierre est ainsi commpromis par Paul dans le rejet de la loi.
Pourtant le parallélisme est suffisant entre *Ep. Petri* et l'incident d'Antioche (dissimulation des deux côtés, ce que Lindemann n'a pas perçu) pour maintenir le point
de vue de Strecker. Cela, d'autant plus que l'épisode en Ga 2,11-14 était plus apte à
frapper l'esprit des chrétiens (les réticences qu'il a soulevées chez les Pères et au-
delà le prouvent) qu'une déduction à partir des versets suivants, opération qui relève
de l'exégèse proprement dite.

d'avoir présenté Pierre comme celui qui professe publiquement la fidélité à la loi, alors qu'en privé il enseigne une doctrine illégale. Les deux textes ont en commun qu'ils inscrivent au compte de Pierre (à tort d'après le second) une dissimulation (*hypokrisis*, d'après Ga 2,13) par rapport à ses propres convictions, lesquelles se seraient autres que celles de Paul.

Le Pseudo-Pierre ajoute aux paroles citées :

> S'ils osent proférer de tels mensonges alors que je suis en vie, combien plus ceux qui viendront après moi oseront-ils le faire[8] !"

La même certitude émane du discours de Jacques à la réception des livres des prédications de Pierre :

> Si nous mettons imprudemment ces livres à la disposition de chacun, s'ils sont falsifiés par des hommes imprudents et déformés par les interprétations, – comme vous avez appris que certains l'ont déjà fait –, il restera que ceux qui cherchent sérieusement la vérité seront toujours dans l'erreur[9].

L'hypothèse s'est indiscutablement vérifiée et l'action corruptrice de Paul et de ses adeptes a opéré d'irrémédiables ravages aux yeux de celui qui rédige ces lignes. Mais en fait, Paul a désormais gagné la partie.

Le roman

Le préambule dont on vient de montrer l'antipaulinisme trouve un écho sur le même registre à l'intérieur du roman quand Pierre reproche à Paul sous le couvert de Simon le Mage[10] de "faire injure à sa prédication[11]". Cette critique figure au terme d'un débat entre Pierre

---

8. *Diamartyria*, 5,2.
9. *Ep. Petri*, 2,7.
10. D'après SCHOEPS (p. 420) les supposés "Kérygmes de Pierre" auraient désigné Paul nommément. Le nom de Simon (le Mage) ne serait apparu, – sous l'influence des Actes de Pierre (voir cependant STRECKER, p. 255, n. 1 ; W. SCHNEE-MELCHER, dans HENNECKE-SCHNEEMELCHER, t. II, p. 179-180) –, qu'au niveau de l'écrit fondamental. Selon STRECKER (p. 259) c'est aussi l'auteur de ce dernier qui aurait camouflé Paul sous ce nom et ce personnage d'emprunt ou encore sous l'expression d'"homme ennemi". Cela, note le même auteur, donnait d'autant plus de piquant au roman que les lecteurs n'étaient pas dupes.
11. *Hom.*, XIX, 19,5.

et Simon-Paul au sujet des visions (*optasiai*)[12]. Celles-ci, d'après le second, sont seules aptes à garantir le caractère divin de la communication[13].Cette affirmation, qui renvoie à l'expérience de Paul selon le Nouveau Testament[14], est contestée par Pierre :

> Tu as exposé que celui qui écoute une vision comprend davantage et possède plus de certitude que par contact direct (*enargeia*)[15] ... Tu affirmais être plus fort que moi pour connaître ce qui concerne Jésus, sous prétexte que tu avais entendu sa parole au moyen d'une vision[16].

Mais en réalité "Simon" s'égare. En effet les visions peuvent être produites aussi bien par "un méchant démon ou un esprit trompeur simulant, dans ses paroles, être ce qu'il n'est pas[17]". On ne saurait dès lors obtenir par ce moyen la moindre connaissance sûre, de même qu'on ne peut savoir si un songe est bien envoyé par Dieu[18]. Pourtant, objecte "Simon", "si celui qui a eu une vision est un juste, sa vision est vraie[19]". La réponse est d'abord qu'il est impossible "à des yeux mortels de voir la face incorporelle du Père ou du Fils[20], à cause de l'immense lumière dont elle resplendit". Si Dieu se dissimule ainsi, "ce n'est pas par jalousie mais par miséricorde, car celui qui le verrait ne pourrait demeurer en vie" (voir Ex 33,20). Il faudrait, pour éviter la dissolution de la créature, une conversion d'un côté ou de l'autre, ce qui se produira lors de la résurrection des corps, quand ceux-ci seront changés en lumière et deviendront semblables aux anges, ou encore et inversement, quand ces derniers, envoyés vers les hommes, doivent "être changés en chair pour être vus par la chair[21]".Du reste les visions sont loin d'être le propre des justes : Abimélek, Pharaon, Nabuchodonosor, trois impies, en ont bénéficié[22].

En fait, la vérité divine est concédée aux bons non par des visions mais par la voie de l'intelligence (*synesis*)[23]. C'est ce qui a eu

---

12. *Hom.*, XVII, 13-19.
13. *Hom.*, XVII, 1,2.
14. *Optasia* : voir 2 Co 12,1 ; Ac 26,19.
15. Sur ce terme (variante : *energeia*), voir STRECKER, p. 191, n. 2.
16. *Hom.*, XVII, 14,1-2.
17. *Hom.*, XVII, 14,4.
18. *Hom.* XVII, 15,2.
19. *Hom.*, XVII, 15,4.
20. Sur la christologie de ce passage, voir STRECKER, p. 193-194.
21. *Hom.*, XVII, 16.
22. *Hom.*, XVII, 17.
23. *Hom.*, XVII, 17,5.

lieu quand Pierre reçut la révélation du Fils de Dieu et, après s'être écrié : "Tu es le Christ, le Fils du Dieu vivant !" (Mt 16,16), fut proclamé bienheureux par Jésus qui indiquait en même temps que cette révélation était l'œuvre du Père. Ici, point de vision ni de songe, mais une opération par laquelle Dieu suscite toute la vérité qu'il a déposée telle une semence (*spermatikôs*) au cœur de l'homme[24].

La Bible (Nb 12,4-9 ; Ex 33,11) prouve du reste que les révélations au moyen de visions et de songes sont le produit de la colère de Dieu, comme celle qui l'anima contre Aaron et Miryam, alors qu'il traita Moïse en ami en lui parlant bouche à bouche[25].

> Si donc, continue Pierre, notre Jésus s'est fait connaître à toi et a conversé avec toi en vision, il s'est comporté comme une personne en colère à l'égard d'un adversaire, du fait qu'il a parlé au moyen de visions et de songes ou encore de révélations extérieures[26].

Du reste, même si Jésus était réellement apparu[27] à "Simon", il faudrait toujours se poser la question : visions et songes sont-ils vraiment capables d'instruire leurs bénéficiaires ? Si oui, pourquoi dans ce cas "le Maître est-il demeuré et s'est-il entretenu une année entière[28] avec des gens qui se trouvaient à l'état de veille" ? S'il est vrai que le Christ lui est bien apparu à "Simon" comme il le prétend, comment se fait-il qu'il professe une doctrine contraire à celle du Christ (entendons celle de l'auteur qui se range derrière Pierre)[29].

Pour clore cette section, Pierre rappelle, sur le ton de la contre-attaque, l'incident d'Antioche en s'inspirant, cette fois en toute clarté, de l'épître aux Galates sans oublier les propos tenus à Césarée de Philippes dans Matthieu :

> Tu m'as résisté (*anthestèkas* : cf. Ga 2,11 : *antestèn*) en adversaire, à moi, le roc solide, le fondement de l'Église (Mt 16,18) ... Si tu me dis répréhensible (*kategnôsmenos* : Ga 2,11), c'est Dieu que tu accuses, lui qui m'a révélé le Christ, et tu blâmes celui qui m'a proclamé bienheureux à cause de la révélation qui m'a été faite (Mt 16,17)[30].

---

24. *Hom.* XVII, 18,2-3. Sur cette conception et le caractère probablement manipulé du passage, voir STRECKER, p. 192, n. 1, et p. 193.

25. *Hom.*, XVII, 18,5-6.

26. *Hom.*, XVII, 19,1.

27. *Ophtè, ophtheis* : voir 1 Co 15,8.

28. La limitation de l'activité publique de Jésus a une année est spécialement attestée chez les gnostiques. Voir les références dans STRECKER, p. 193, n. 1.

29. *Hom.*, XVII, 19,2-3.

30. *Hom.*, XVII, 19,4.6.

Moins nettement présent que dans les textes qu'on vient de citer, l'antipaulinisme affleure néanmoins dans ce sermon que Pierre adresse aux prêtres en présence de toute l'Église :

> Notre Seigneur et prophète, qui nous a envoyés, nous a raconté comment le Mauvais, s'étant entretenu avec lui pendant quarante jours et n'ayant rien pu contre lui, promit d'envoyer des apôtres parmi ses adeptes afin de tromper les gens. C'est pourquoi souvenez-vous avant tout de fuir l'apôtre ou le maître ou le prophète qui n'aurait pas commencé par soumettre scrupuleusement sa prédication à Jacques, celui qu'on appelle le frère de mon Seigneur, auquel a été confié la direction de l'Église des Hébreux à Jérusalem, et qui ne viendrait pas à vous avec des témoins. Cela, de crainte que la Malice, qui s'est entretenue avec le Seigneur pendant quarante jours sans rien pouvoir contre lui et, par la suite, est tombée, tel l'éclair, du ciel en terre, n'envoie contre vous un héraut, comme elle a introduit près de vous Simon qui prêche au nom de notre Seigneur sous les apparences de la vérité, alors qu'en fait il sème l'erreur. C'est la raison pour laquelle celui qui vous a envoyés a dit : "Beaucoup viendront contre moi (*pros me*) en vêtement de brebis, mais à l'intérieur ce sont des loups rapaces : c'est à leurs fruits que vous les reconnaîtrez" (voir Mt 7,15-16)[31].

La comparaison de l'éclair ne fait pas allusion à l'expérience du chemin de Damas[32] mais c'est une réminiscence de Lc 10,18 dont on trouve encore la trace, pareillement à propos de Satan, en *Hom.* XVIII, 14,15. Toutefois l'instance de contrôle attribuée à Jacques rappelle la Lettre de Pierre à Jacques où Pierre fait état d'un "homme ennemi" qui falsifie sa prédication alors que Jacques en assure la diffusion[33]. On rapprochera aussi Simon, "qui sème l'erreur" (*planèn*) de la désignation évidente de Paul comme *planos* en *Hom.* II, 17,4[34]. Enfin et surtout jamais Simon le Mage n'a prêché au nom du Christ, à l'inverse de Paul[35] (1 Co 1,10 ; 2 Th 3,6 ; Ac 9,28). Il est donc assez clair que c'est lui qui est ici visé, bien plus, grâce à une modification de Mt 7,15, présenté comme adversaire du Christ.

L'aspect le plus curieux de cette polémique est sans doute un recours au système de syzygies ou couples antithétiques, greffon des spéculations gnostiques mais où le dualisme substantiel est accom-

---

31. *Hom.*, XI, 35,3-6.
32. Contre STRECKER (p. 195) et avec LÜDEMANN, *Antipaulinismus*, p. 253, n. 92 ; *Opposition*, p. 190, n . 92.
33. Voir LÜDEMANN, *Antipaulinismus*, p. 253-254 ; *Opposition*, p. 190-191.
34. Voir ici, p. 47-48.
35. Voir STRECKER, p. 195.

modé au monothéisme et historicisé[36]. D'après cette théorie, représentée tant dans les Homélies que dans les Reconnaissances, Dieu, au cours de l'histoire de l'humanité[37], a toujours créé d'abord le plus faible puis le plus fort. Voici la liste correspondante[38] :

1. Caïn et Abel
2. Corbeau noir et colombe blanche (au déluge)
3. Ismaël et Isaac
4. Esaü et Jacob
5. Aaron[39] et Moïse
6. Jean-Baptiste[40] et Jésus
7. "Simon" et Pierre
8. L'Antichrist et le Christ.

Le huitième couple ne devait pas appartenir à la liste primitive des syzygies[41] si l'on en croit le commentaire suivant des Homélies d'après lequel en observant la loi des couples

> on aurait pu savoir à quelle série appartient Simon, qui est allé avant moi chez les païens, et à quelle série il m'échoit d'appartenir, moi qui suis venu après lui, lui succédant comme la lumière aux ténèbres, comme la connaissane à l'ignorance, comme la guérison à la maladie[42].

C'est Pierre qui parle et ce commentaire fait ressortir que le canon des syzygies tend vers le couple "Simon-Pierre" et à pour tâche de l'expliquer. En effet

> si les hommes qui vivent dans la piété avaient compris le mystère (des syzygies), ils n'auraient jamais été égarés, mais ils auraient

---

36. Voir STRECKER, p. 191.

37. À l'inverse de ce qui a lieu pour le monde matériel, où le principe bon (et masculin) précède le principe mauvais (et féminin).

38. *Hom.*, II, 15-17 ; *Rec.*, III, 61. Cette liste suit la reconstitution de STRECKER (p. 188-191) laquelle est elle-même tributaire de l'article décisif de H. WAITZ, "Die Lösung des pseudoklementinischen Problems", *ZKG*, 59, 1940, p. 304-341 (315-320).

39. À cause de l'abolition des sacrifices par Jésus.

40. Littéralement, "celui qui est parmi les enfants des *femmes*" (voir Mt 11,11, par. Lc 7,28) : Jean-Baptiste est du côté féminin de la série et il incarne la fausse prophétie, par opposition au "Vrai Prophète", Jésus, ici "celui qui est parmi les fils des *hommes*". On a là un reliquat d'anciennes polémiques avec la secte du Baptiste. Comparer avec le point de vue différent qui s'exprime en *Rec.*, I, 60 (voir ici, p. 33).

41. Voir STRECKER, p. 190-191.

42. *Hom.*, II, 17,3.

reconnu maintenant aussi que Simon, qui trouble en ce moment tout le monde, est le collaborateur de la faible gauche[43].

Le système adopté n'est pas sans avantage, car il permet d'expliquer comment, malgré son antériorité, l'évangile de Paul n'est qu'un "faux évangile" propagé par un maître d'erreur (*planos*)[44], le "véritable évangile" étant celui de Pierre. La diffusion de l'un et de l'autre est répartie selon un double stade : avant et après la "destruction du lieu saint". Avant, au temps des sacrifices, Paul répand sa doctrine corrompue. Après, quand l'ère du culte sacrificiel a pris fin, c'est le tour de la prédication de Pierre. Celle-ci sera "envoyée en secret en vue de corriger les futures hérésies[45]".

Paradoxes et syncrétisme

De tout cela on retient que l'auteur professe une sorte de marcionisme intrachrétien[46] dont le paradoxe évoque les constatations déjà faites sur d'autres données des Clémentines[47] : présentement l'anticultualisme s'allie à l'antipaulinisme puisque l'ère paulinienne coïncide avec la permanence des sacrifices au temple ; de son côté la "prédication légale" de Pierre[48] doit être diffusée alors qu'une partie considérable du Pentateuque a perdu sa raison d'être. Autre paradoxe : la mission aux païens, inaugurée par Paul, se maintient avec Pierre[49], champion de la loi mosaïque ! Une remarque permet de dissiper quelque peu le brouillard : la loi en question, "promulguée par Moïse et confirmée par notre Seigneur dans sa durée éternelle[50]" (voir Mt 5,18), est en fait un résidu. Moins radicale que celle de Marcion, la théorie des "fausses péricopes[51]" permet de soustraire à l'Écri-

---

43. *Hom.*, II, 15,5. La gauche, dans la série des couples, coïncide avec la partie faible, déficiente et féminine : *Hom.*, II, 16,1.

44. Cet adjectif substantivé reparaît, appliqué à Simon le Mage, en II, 18,2 ; IV, 2,3 ; XX, 18,4 ; 19,2.7.

45. *Hom.* II, 17,3-4.

46. Voir LÜDEMANN, *Antipaulinismus*, p. 253 ; *Opposition*, p. 190.

47. Voir ici, p. 38.

48. Voir ici, p. 41.

49. *Hom.* II, 17,3. Texte cité p. 17.

50. *Ep. Petri*, 2,5.

51. Voir STRECKER, p. 166-187.

ture, entre autres incompatibilités, les règles concernant le sacrifice et le Temple[52].

Ici l'histoire et ses drames ont remodelé la théologie et ses conséquences pratiques. Il reste qu'à l'intérieur de cette littérature l'attitude à l'égard des païens manque d'une parfaite cohérence. D'une part, les livres des Prédications de Pierre ne doivent être communiqués qu'à un "croyant circoncis[53]", d'autre part, la mission auprès des païens est approuvée, quoique seulement après la chute de Jérusalem : Paul a devancé Pierre sur ce terrain en y semant un évangile corrompu ; celui de Pierre viendra au moment voulu réparer les dégâts[54]. La même perspective s'exprime sous forme implicite avec la défense de Pierre de montrer ces livres, tant à un "membre de la tribu qu'à un étranger avant une mise à l'épreuve[55]", ce qui laisse entendre que les païens aussi bien que les Juifs sont aptes à être éprouvés et enseignés[56].

La fiction est donc ici on ne peut plus vraisemblable. D'où il n'est pas nécessaire, pour rendre compte de l'illogisme, d'envisager une communauté qui, tout en étant décidée à évangéliser les païens, aurait maintenu la circoncision pour les Juifs de naissance[57]. La différence entre les paroles de Jacques dans la *Diamartyria* et les consignes précédentes de Pierre pourrait bien n'avoir d'autre portée que littéraire et dramatique : en allant jusqu'à restreindre aux seuls Juifs l'accès à la prédication de Pierre, l'auteur renforce les limitations antérieures en même temps qu'il souligne l'importance des livres en question[58].

Quoi qu'il en soit, on a ici l'écho d'une situation historique dans une époque où Paul et son message l'avaient définitivement emporté.

---

52. Voir, en particulier, *Hom.*, III, 51-52, glosant tendancieusement diverses paroles de Jésus recueillies dans les évangiles : "Si Jésus dit : 'Je ne suis pas venu abolir la loi' et si par ailleurs on le voit l'abolir, il fait savoir par là que ce qu'il abolit n'apparatient pas à la loi" (51,2-3) ; ou encore : "Le ciel et la terre passeront, mais pas un iota ni un trait ne passera de la loi" doit être interprété dans ce sens que ce qui passera avant le ciel et la terre est également étranger à la loi, à savoir "les sacrifices, les règnes, les prophéties qui ont lieu parmi les enfants des femmes (Mt 11,11, par. Lc 7,28) et toutes choses du même genre, vu qu'il ne s'agit pas de préceptes de Dieu" (51,3 - 52,1). Comparer ici, p. 34, n. 31.

53. *Diamartyria*, 1,1.

54. *Hom.*, II, 17,3.

55. *Ep. Petri*, 1,2 ; 3,1.

56. L'incohérence peut être cependant limitée si l'on note que la mention de la circoncision dans le premier passage cité est pour ainsi dire accidentelle, n'ayant pas d'écho dans le reste des Clémentines, Homélies et Reconnaissances (voir ici, p. 35, n. 32).

57. Contre LÜDEMANN, *Antipaulinismus*, p. 256 ; *Opposition*, p.193.

58. Ainsi STRECKER, p. 141.

La communication des livres de Pierre, – une pure fiction pour désigner la pensée du didascale et du groupe qu'il soutient –, se fera sous le manteau, en vue de réparer les ravages causés avant 70 par le "faux évangile" de Paul et de "corriger" les hérésies en cours, entendons toute doctrine se réclamant de Paul, celle de Marcion peut-être[59], mais tout aussi bien l'enseignement de la Grande l'Église.

Quant à la doctrine elle-même professée et propagée, elle ne mérite guère plus l'étiquette judéo-chrétienne que celle qu'on a recueillie plus haut dans les Reconnaissances. Sans doute, par le truchement de Pierre, on tend ici à répandre une prédication conforme à la loi (*nomimon ... kèrygma*)[60]. Mais quelle est cette loi d'où tout le rituel sacrificiel a été évacué sous la dictée de la ruine du temple ? La circoncision n'a plus ici, selon toute vraisemblance, le poids d'une pratique réelle. Enfin l'ouverture aux païens, chez ceux-là mêmes qui condamnent leur apôtre, est sans équivoque. Leur distance est donc grande par rapport aux propagandistes judaïsants qui combattaient Paul de son vivant, précisément à cause de son refus d'obliger les convertis du paganisme à se faire circoncire et à pratiquer la loi de Moïse sans restriction (Ga 5,2-6).

On doit donc considérer qu'ici la note judéo-chrétienne, – au sens d'un compromis impliquant le maintient de la loi et des pratiques juives dans le christianisme –, est considérablement atténuée. Mais en revanche vient s'ajouter un apport qui n'est ni juif ni chrétien. On l'a enregistré dans le système des syzygies, lequel est en accord avec le caractère secret des prédications de Pierre. L'ésotérisme fait ici bon ménage avec le syncrétisme.

Pour définir l'auteur de l'écrit fondamental des Clémentines, Joseph Thomas[61] parlait d'un "ébionite baptiste à tendance elchasaïte", précisant qu'au baptême chrétien les Ébionites ont joint des bains esséniens[62] et elchasaïtes. Ce jeu d'étiquettes a quelque chose d'artificiel mais reflète la complexité de la religion des Clémentines. Une comparaison avec les produits du christianisme syrien "orthodoxe"

---

59. Sur l'antimarcionisme dans les Clémentines, voir l'appréciation réticente de STRECKER, p. 167-169.

60. *Ep. Petri*, 2,3.

61. P. 180-181.

62. À propos de la théorie de J.L. TEICHER ("The Dead Sea Scrolls - Documents of the Jewish Christian Sect of Ebionites", *JJS*, 2, 1951, p. 67-99), selon laquelle la secte de Qumrân était ébionite, le Christ s'identifiant avec le Maître de Justice et Paul avec l'"homme de mensonge", voir FITZMYER, p. 344-345 ou 446-447 ou 212-213, et les auteurs cités par lui.

du IIIe siècle, notamment avec la Didascalie, est cependant sugges-
tive[63] et permet de comprendre cette forme crépusculaire de judéo-
christianisme teintée de gnosticisme, fin d'une trajectoire où l'on tient
encore à l'antipaulinisme "mais en un stade où il est sur le point d'être
englouti par le christianisme catholique[64]".

---

63. Voir BIRDSALL, p. 357-361.
64. J.D.G. DUNN, dans J.D.G. DUNN (éd.), *Jews and Christians*, p. 367.

Chapitre V

L'ELCHASAÏSME

Elchasaï et son mouvement ont trouvé ces dernières années un regain d'intérêt et fait l'objet de deux monographies systématiques parues presque en même temps, l'une de Luigi Cirillo, l'autre de Gerard P. Luttikhuizen[1]. Malgré l'opposition de certains savants[2] l'existence historique d'un personnage du nom d'Elchasaï (Elxaï), ayant vécu au IIe siècle en Mésopotamie du nord[3], est la thèse la plus vraisemblable. Elle se fonde principalement sur le codex manichéen de Cologne où Mani, cité par ses disciples immédiats, parle d'Elchasaï comme d'une personne réelle[4]. Comme l'a bien rapporté Épiphane[5] le nom est formé de l'araméen *ḥyl ksy*, qui signifie "puissance cachée[6]". Elchasaï était l'auteur d'un livre, à l'origine très vraisem-

---

1. Voir la Bibliographie, p. 69. Aucune publication de cette envergure n'avait été produite depuis l'ouvrage de BRANDT (voir *ibid.*).
2. BRANDT, p. 8 ; KLIJN-REININK, p. 55, n. 3 ; A.F.J. KLIJN - G.J. REININK, "Elchasai and Mani", *VigChr*, 28, 1974, p. 277-289 (283, n. 45). Sur les thèses particulières de LUTTIKHUIZEN (p. 179-188 : Elchasai aurait été le nom de l'ange gigantesque dont on va parler), voir la recension critique de F.S. JONES, *JAC*, 30, 1987, p. 200-209 (207).
3. Non en Parthie, malgré la mention des Parthes chez HIPPOLYTE, *El.*, IV, 13,1 ; 16,4. Voir J. VAN AMERSFORT, *VigChr*, 41, 1987, p. 410.
4. Voir CIRILLO, *Elchasai*, p. 47-52 (51). Le document confirme en outre que Mani reçut sa première éducation au sein d'une communauté elchasaïte.
5. *Haer.*, XIX, 2,2. Épiphane décompose le nom en *el* (*dynamis*) et *xai* (*kekalymmenon*).
6. Noter que l'expression (à l'état emphatique) *ḥayla kasya*, employée dans les Églises syriaques à propos du baptême (voir G.WIDENGREN, *The Ascension of the Apostles and the Heavenly Book*, Uppsala, 1950, p. 48-50, 53-54 ; "Réflexion sur le baptême dans la chrétienté syriaque", dans *Mélanges offerts à Marcel Simon. Paganisme, judaïsme, christianisme*, Paris, 1978, p. 347-357 [350-351]) rejoint les termes mêmes du nom d'Elxaï. Vu le caractère baptiste du mouvement elchasaïte, ce rapprochement n'est pas sans intérêt en ce qui touche aux rapports de l'Église syriaque avec certains courants judéo-chrétiens.

blablement rédigé en araméen[7]. Ce livre fut apporté à Rome par Alcibiade d'Apamée. Hippolyte[8], contemporain de l'événement, nous permet d'entrevoir le contenu de l'ouvrage. Le second témoin principal
est Épiphane qui mentionne Elchasaï à propos de sectes soumises à
son influence : Osséens, Ébionites et Sampséens[9].

Issue des mouvements judéo-baptistes[10], la religion elchasaïte est
en réalité un syncrétisme caractérisé : "ni chrétiens, ni Juifs, ni Grecs
(païens), mais étant donné qu'ils se contentent d'une position intermédiaire, ils ne sont rien du tout", écrit Épiphane des adeptes de l'elchasaïsme, sans ménagements comme à l'accoutumée[11]. L'ange révé-
lateur, qui n'est autre que le "Fils de Dieu", aux dimensions
gigantesques et précises, doublé d'un être féminin de même stature
appelé Saint-Esprit[12], évoque non seulement la tête du Christ qui,
d'après l'Évangile de Pierre (X ; 40), dépassse le ciel ainsi que bien
d'autres fantaisies produites par des chrétiens[13], mais encore les spéculations hébraïques du *Shi'ur Qomah* qui accordent des dimensions
d'un ordre similaire au corps de Dieu[14]. Sont pareillement juifs la pratique de la circoncision[15] et l'observance du sabbat[16]. En revanche l'in-
terdiction de prier tourné vers l'orient et l'ordre de diriger la prière
vers Jérusalem[17] laissent entendre plutôt que l'on s'adresse à des gens
marqués par le christianisme et les usages de cette religion[18]. Ajoutons

---

7. Outre le nom d'Elchasaï, noter, à l'appui, le cadre géographique du mouvement, le fait de considérer l'Esprit Saint comme un être féminin (voir plus bas) et les
formules secrètes communiquées par Épiphane (*Haer.*, XIX, 4,3).

8. *El.*, IX, 13,1 - 17,3. Cette notice est résumée au dernier livre de l'ouvrage :
X, 29.

9. *Haer.*, XIX, 1,4 - 4,6 ; XXX, 3,2, 17,5-6 ; LIII, 1,1 - 2,1.

10. Sur les ablutions répétées chez les Elchasaïtes, voir HIPPOLYTE, *El.*, IX,
13,3 ; 15,1-6 ; 16,1 ; ÉPIPHANE, *Haer.*, LIII, 1,4.7.

11. *Haer.*, LIII, 1,3.

12. HIPPOLYTE, *El.*, IX, 13,2-3.

13. HERMAS, *sim.* VIII, 1,2 ; 3,3 (anges-colosses) ; IX, 6,1 (le Christ, "homme
d'une taille tellement colossale qu'il dominait la tour") ; *Actes de Perpétue et Féli-
cité*, 4,3-4 (Musurillo, p. 110-111) : échelle et dragon gigantesques.

14. Voir M.S. COHEN, *The Shiur Qomah : Liturgy and Theurgy in Pre-Kab-
balistik Jewish Mysticism*, Washington, 1983 ; *The Shiur Qomah : Texts and Recensions*, TSAJ, 9, Tübingen, 1985 ; G.G. STROUMSA, "Le conflit de l'Ange et de
l'Esprit : traditions juives et chrétiennes", *RB*, 88, 1981, p. 42-61 (43-44) ; J. FOS-
SUM, "Jewish-Christian Christology and Jewish Mysticism", *VigChr*, 37, 1983,
p. 260-287 (260-263).

15. HIPPOLYTE, *El.*, IX, 14,1 ; ÉPIPHANE, *Haer.*, XIX, 5,1.

16. HIPPOLYTE, *El.*, IX, 16,3.

17. ÉPIPHANE, *Haer.*, XIX, 3,5.

18. Voir F.S. JONES, *JAC*, 30,1987, p. 208.

le rejet des sacrifices[19] et le motif de la métensomatose du Christ venu
à plusieurs reprises dans le monde avec un corps différent[20], une
conception qui s'apparente à la doctrine du "Vrai Prophète" dans les
Clémentines[21].

Dans ce mélange, qui ne peut plus être qualifié proprement de
judéo-chrétien, mais où subsiste des traits hérités de ce courant sectaire, on n'est pas surpris outre mesure de recontrer une opposition à
Paul. À vrai dire aucun des deux témoins qu'on vient d'alléguer ; Hippolyte et Épiphane, n'y font allusion. Pour en trouver l'indice il faut
recourir à un fragment d'une homélie d'Origène sur le Psaume 82 cité
par Eusèbe[22]. Là, Origène met ses auditeurs en garde contre l'"hérésie des Helkasaïtes". Cette homélie est fixée par Eusèbe après la
soixantième année d'Origène, donc vers 245. C'est donc vers cette
époque que l'hérésie en question "s'est dressée contre les Églises".

Parmi les griefs que lui fait Origène figure l'autorisation[23] accor-
dée aux croyants de renier leur foi extérieurement, chose indifférente,
pourvu que l'on garde ses convictions intérieures. Cela s'accorderait
bien avec la période où sévit la persécution de Dèce dont Origène fut
lui-même victime, encore que, figurant dans le Livre d'Elchasaï[24],
cette licence semble plutôt indépendante d'une circonstance particulière[25]. Origène confirme l'existence du livre en question, précisant
que les Elkasaïtes le tenaient pour "tombé du ciel" et que "celui qui
lui prêtait l'oreille et lui donnait sa foi recevait le pardon de ses
péchés, un pardon autre que celui que Jésus-Christ a donné[26]". Mais
quand Origène déclare que le même mouvement "rejette certains passages de toute l'Écriture, se sert encore de paroles tirées de l'Ancien
Testament et des évangiles, rejette entièrement l'apôtre" (*ton aposto-
lon teleon athetei*), c'est le judéo-christianisme sectaire qui apparaît

---

19. ÉPIPHANE, *Haer.*, XIX, 3,6. Même opposition dans les Clémentines : voir
STRECKER, p. 179-184.

20. HIPPOLYTE, *El.*, IX, 14,1 ; X, 29,2. Hippolyte traduit la théorie en termes
de philosophie grecque, s'inspirant de la doctrine pythagoricienne de la métempsy-
chose : voir J. FOSSUM, *art. cit.* (p. 54, n. 14), p. 270-271.

21. Voir STRECKER, p. 145-153 (151), 179-184 ; LUTTIKHUIZEN, p. 64-
65,140.

22. *Hist. eccl.*, VI, 38.

23. Elle est confirmée par ÉPIPHANE, *Haer.*, XIX, 1,8 ; 3,1-3.

24. ÉPIPHANE, *Haer.*, XIX, 1,4.8.

25. Voir F.S. JONES, *JAC*, 30, 1987, p. 205.

26. Voir aussi HIPPOLYTE, *El.*, IX, 13,4, rapportant qu'Alcibiade déclarait :
"L'heureuse annonce d'un nouveau pardon des péchés a été faite aux hommes la troi-
sième année de Trajan" (= 100 de notre ère).

sans fard : l'usage sélectif des Écritures rappelle la théorie des fausses péricopes developpée dans les Clémentines[27], de même que l'ostracisme dont Paul est l'objet renvoie à ces dernières ainsi qu'aux attestations des Ébionites déjà rencontrées.

---

27. Voir STRECKER, p. 162-184.

Chapitre VI

QUELQUES CAS DOUTEUX

Nous traiterons dans ce chapitre de quelques personnages ou courants auxquels certains écrits ou simplement l'interprétation qu'on en fait attribuent une tendance autipaulinienne.

Cérinthe

Qui est Cérinthe[1] ? Un gnostique[2] ? Un millénariste vulgaire[3] ? Un judaïsant ? En tout cas ce personnage n'apparaît pas sous les traits d'un défenseur de la loi juive avant Épiphane qui le présente comme "le protagoniste des judaïsants dans toute l'histoire de l'Église primitive[4]" :

> Cet homme est l'un de ceux qui excitèrent des troubles contre les apôtres, lorsque les compagnons de Jacques écrivirent une lettre à Antioche [...] C'est l'un de ceux qui s'opposèrent à Pierre lorsqu'il alla vers Corneille [...] Voilà tout ce que Cérinthe a fait avant de prêcher en Asie son erreur et de tomber dans un gouffre plus profond encore de perdition[5].

---

1. Voir A. WURM, "Kerinth - ein Gnostiker oder Judaist ?", *ThQ*, 87, 1904, p. 20-38 ; G. BARDY, "Cérinthe", *RB*, 30, 1921, p. 344-373 ; B. REICKE, "Diakonie, Festfreude und Zelos", *UUA*, 1951, p. 283-287 ; DANIÉLOU, *Théologie*, p. 80-81 ; KLIJN-REININK, p. 3-19 ; B.G. WRIGHT, "Cerinthus *apud* Hippolytus : An Inquiry into the Tradition about Cerinthus Provenance", *SecCent*, 4, 1984, p. 102-115.
2. IRÉNÉE, *Adv. haer.*, I, 26 ; HIPPOLYTE, *El.*, VII, 33 ; PSEUDO-TERTULLIEN, *Adv. omn. haer.*, 3,3 : CCh.L, 2, p. 1405.
3. Caius, d'après EUSÈBE, *Hist. eccl.*, III, 28,1-2.
4. G. BARDY, *art. cit.*, (n. 1), p. 365-366.
5. *Haer.*, XVIII, 2 ; trad. Bardy.

Toujours selon Épiphane, Cérinthe et ses adeptes avaient déclenché une émeute (*stasis*) quand Paul était monté à Jérusalem avec Tite, l'accusant d'avoir "profané ... le lieu saint" en y introduisant des incirconcis. Du point de vue théorique, ils lui auraient reproché d'avoir aboli la circoncision et d'opposer loi et grâce. S'appuyant sur Mt 10,25 : "Il suffit que le serviteur devienne comme son maître[6]", ils auraient exigé des chrétiens l'observation de la loi mosaïque :

> Jésus a été circoncis, sois toi-même circoncis. Le Christ, disent-ils, s'est comporté selon la loi : toi, fais de même [...] Quant à Paul, ils refusent de le reconnaître parce qu'il a désobéi au (précepte de) la circoncision, et ils le rejettent pour avoir dit : "Vous qui cherchez la justice dans la loi vous êtes déchus de la grâce" (Ga 5,4) et : "si vous vous faites circoncire le Christ ne servira de rien" (Ga 5,2)[7].

Denys bar Salibi, dans son commentaire de l'Apocalypse, après avoir cité un fragment d'Hippolyte au sujet de Cérinthe, continue de sa propre plume mais en dépendance certaine d'Épiphane, pour dire que Cérinthe "enseignait la circoncision et (qu')il s'irrita contre Paul pour n'avoir pas circoncis Tite ; dans certaines de ses lettres il appelle l'apôtre et ses disciples faux apôtres et ouvriers trompeurs[8]".

La fin de ce texte fait référence à 2 Co 11,13, en quoi Denys s'inspire pareillement d'Épiphane. Mais tandis que celui-ci écrit que, par ces paroles, Paul vise les Cérinthiens[9], Denys a mal lu sa source puisqu'il retourne contre Paul des qualifications qu'il attribue désormais à Cérinthe. Il reste que l'un et l'autre auteur tablent ici sur le Nouveau Testament, ce qui est une caractéristique de la notice d'Épiphane sur Cérinthe, en particulier quand il s'agit de Paul : outre les citations explicites de ses épîtres, il est évident que l'épisode de l'émeute à Jérusalem n'est que la fusion de deux passages du Nouveau Testament : Ga 2,3-5 et Ac 21,27-28[10].

---

6. Voir *Haer.*, XXX, 26,2 ; 33,4 : les Ébionites, d'après Épiphane, s'appuyaient aussi sur ce texte pour exiger la circoncision : "Le Christ en effet ... a été circoncis, toi aussi sois circoncis !" Ce qu'Épiphane se croit en droit de réfuter en montrant l'inanité d'une imitation du Christ sur tous les points.

7. *Haer.* XXVIII, 5,2-3.

8. *In Apocalypsim, Actus et Epistolas canonicas*, prol. : Sedlaeck, CSCO 53 (syr., 18), p. 4. FILASTRE (*Haer.*, 36 : CSEL, 38, p. 20), qui s'efforce de fusionner le Cérinthe gnostique et son rival judaïsant, n'a que la simple mention du rejet de Paul par l'hérétique.

9. *Haer.*, XXVIII, 4,6.

10. Cela ressort d'une comparaison des termes eux-mêmes. Du premier passage, qui pourtant concerne Pierre, comparer *eiselthes pros andras akrobystian echontes* et *Haer.*, XXVIII, 4,1 : *andras akrobystous eisènegke meth'heautou*. Comparer aussi Ac 21,28 et *Haer.*, XXVIII, 4,1.

Comment Épiphane a-t-il été amené à présenter Cérinthe sous ce jour ? Deux bons analystes des mouvements sectaires judéo-chrétiens[11] suggèrent l'influence sur l'hérésiologue d'une tradition consignée dans l'*Epistula Apostolorum* (début du IIe siècle)[12], où l'on peut lire un mise en garde contre les "faux apôtres" Simon (le Mage) et Cérinthe. C'est à partir de cette appellation et en raison de sa présence en 2 Co 11,13 pour qualifier les adversaires de Paul que Cérinthe aurait été élevé au rang du principal d'entre eux par les soins d'Épiphane. Ainsi s'expliquerait-on que Cérinthe apparaisse chez lui comme un judaïsant antipaulinien qui, par la suite, devait propager sa propre doctrine en Asie Mineure où le situe déjà Irénée. L'hypothèse mérite attention. Elle souligne ce qui, d'autre part, semble devoir s'imposer : dans la mesure où il est permis de choisir entre les diverses présentations de Cérinthe chez les Pères, celle dont il vient d'être fait état est la plus dépourvue de vraisemblance historique.

La famille de Jésus était-elle antipaulinienne ?

Au terme d'une étude critique des documents de l'Antiquité sur les "desposynes" ou parents de Jésus, Gerd Lüdemann[13] impute au moins à une partie d'entre eux une position antipaulinienne. Émigré de Nazareth en Transjordanie, le groupe y aurait véhiculé cette attitude avant d'y rencontrer d'autres judéo-chrétiens de même tendance et de se fondre à eux. Le nom d'Ébionites recouvrirait probablement le résultat de cette intégration.

Cette conclusion dérive en fait d'un unique texte : un extrait de la Lettre à Aristide de Jules l'Africain rapporté par Eusèbe[14], où l'on apprend que les parents du Seigneur "à partir des villages juifs de Nazareth et de Kokhaba avaient circulé dans le reste du pays et avaient interprété[15], d'après le Livre des Jours, la généa-

---

11. KLIJN-REININK, p. 10.
12. Guerrier, PO, IX/3, p. 188,48 ; voir aussi IX/18, p. 193,54.
13. P. 167-179.
14. *Hist. eccl.*, I, 7,14.
15. L'Africain aura compris sa source dans ce sens que les desposynes ont *expliqué* la double descendance de Jésus comme lui-même l'avait proposé dans le contexte antérieur en cherchant à harmoniser les deux généalogies évangéliques. Étant donné qu'on ne voit pas comment le Livre des Jours, c'est-à-dire les Chroniques, a pu être de quelque secours dans cette entreprise, on reconnaîtra dans celle-ci l'extension, par les desposynes, de la généalogie au-delà de David à l'aide des Chroniques. Voir R. BAUCKHAM, p. 361-363. Le même auteur suggère que les desposynes utilisaient cette généalogie (il s'agit en fait de celle de Luc) comme document théologique au cours de leur activité missionnaire pour confirmer la messianité de Jésus.

logie (de Jésus) dont ils disposaient, autant qu'il avaient pu (la retracer)[16]".

Laissons la question de la généalogie pour nous limiter à ce qui précède et sur quoi s'échafaude toute la construction de Lüdemann. En fait celle-ci repose sur le seul toponyme de Kokhaba. À lire le texte de l'Africain, Kokhaba est en Galilée, car ce nom arrive tout d'un trait et sans autre précision à la suite de Nazareth. Mais d'après Épiphane[17] il existait un autre Kokhaba ("*Kôkabè*, appelée *Khôkhabè* en hébreu[18]"), village situé en Batanée, habité par des Nazaréens et des Ébionites. On peut l'identifier avec le moderne Kawkab, juste au nord de la frontière de la Jordanie actuelle. Eusèbe, pour sa part, dans son *Onomasticon*[19], à propos de Khôba en Gn 14,15, "situé à gauche de Damas", signale qu'il "existe encore un Khôba dans les mêmes parages, là où habitent ceux des Hébreux qui croient au Christ, appelés Ébionites". "À gauche de Damas", d'après le langage biblique, veut dire au nord de Damas[20]. Eusèbe semble donc distinguer deux localités du nom de Khôba dans la région de Damas. La dernière nommée peut être identifiée avec le village moderne de Kabun, dans les environs nord de Damas[21] ; l'autre, le Khoba ébionite, sera le même que le Kokhaba d'Épiphane, lequel aurait commis une erreur en plaçant le site en Batanée : on trouve en effet une colline avec quelques ruines du nom de Kawkab à 15 km au sud-ouest de Damas[22].

Mais il existe aujourd'hui en Galilée deux localités du même

---

16. Cette traduction s'inspire de R. BAUCKHAM, p. 362-363 (voir aussi p. 61). Celle de G. BARDY, dans SC, est entièrement à revoir.

17. *Haer.*, XXIX, 7,7 ; XXX, 18,1 ; 2,8-9 ; XL, 1,5.

18. *Haer.*, XXIX, 7,7.

19. Klostermann, GCS, p. 172.

20. LÜDEMANN (*Antipaulinismus*, p. 177, *Opposition*, p. 127) s'efforce d'interpréter Eusèbe dont l'expression ne concernerait pas les points cardinaux mais signifierait simplement "à proximité de" ou encore dépendrait de l'usage égyptien où "gauche" veut dire "sud", ce qui permettrait de concilier le Kokhaba d'Épiphane, situé en Batanée, et la notice d'Eusèbe. L'opération est inutile car il est assez de traces d'une localité de ce nom au nord de Damas.

21. Voir R. BAUCKHAM, p. 63.

22. Voir B. BAGATTI, p. 75. - Le recours à la topographie rabbinique n'apporte ici rien de solide Dans la liste, extrêmement corrompue, des toponymes qui figure en *Tos. Shebiit*, 4,8 (Zuckermandel, p. 66) et *j. Demai*, 22d, le nom de *Kawkabah*, rétabli par M. Avi Yonah (*The Holy Land from the Persian to the Arab Conquests 536 B.C. to A.D. 640 . A Historical Geography*, Grand Rapids, 1966, p. 168-169) ne peut être considéré comme sûr (M. KOSOVSKY, *Concordance to the Talmud Yerushalmi, Palestinian Talmud Onomasticon. Thesaurus of Proper Names*, Jérusalem, 1985, p. 479, s'en tient à la graphie *krkh*).

nom[23]. L'une est Kokhav Hayarden, en arabe, Kawkab al-Hawa (le Belvoir des Croisés) à une trentaine de kilomètres au sud-est de Nazareth ; l'autre est seulement à 16 km au nord-ouest de cette ville, sur les collines au nord de Sepphoris. Cette dernière constatation pèse ici d'un grand poids et vient appuyer le texte de Jules l'Africain selon lequel Kokhaba est à situer en Galilée et non loin de Nazareth. Les autres notices où apparaît le toponyme[24] passent ainsi au second plan et l'on admettra que les desposynes, au lieu de rallier l'ébionisme transjordanien et d'épouser éventuellement son hostilité envers Paul, ont rayonné dans le pays d'Israël à partir de leur province natale.

Les Encratites

Hippolyte[25] accuse les Encratites de "vaine gloire" (*kenodoxia*) pour avoir tiré d'eux-mêmes les éléments de leur doctrine en négligeant les Écritures. Origène[26] les associe aux Ébionites dans un commun et total rejet des lettres de Paul. Cependant, d'après Eusèbe, Tatien, chef de file du mouvement, aurait été moins radical : "on dit, rapporte Eusèbe, qu'il osa changer certaines expressions de l'apôtre, sous prétexte de corriger l'arrangement de la phrase[27]". Jérôme adopte une point de vue intermédiaire : "Tatien, le patriarche des Encratites", aurait rejeté seulement quelques épîtres de Paul, reconnaissant entre autres l'épître à Tite[28]. En revanche, si l'on en croit Eusèbe, Sévère et ses adeptes, de peu postérieurs à Tatien et propageant les mêmes idées, "emploient ... la loi, les prophètes, en interprétant d'une manière particulière la pensée des Écritures sacrées. Mais il blasphèment l'apôtre Paul ; et ils rejettent les épîtres et ne reçoivent pas non plus les Actes des Apôtres[29]."

---

23. Voir R. BAUCKHAM, p. 64 (corriger *southwest* en *southeast* pour *Kokhav Hayarden*).

24. On prendra acte toutefois des remarques de R. BAUCKHAM (p. 64-66) à propos du fait que les desposynes et les judéo-chrétiens auraient choisi de vivre dans des localités dont le nom possédait un relent messianique : Nazareth, d'après le *neṣer* ("branche") d'Is 11, 1, Kokhaba, d'après l'"étoile" (*kawkab*) de la prophétie de Balaam (Nb 24,17).

25. *El.*, VIII, 7.

26. *C. Cels.*, V, 65 : GCS, II, p. 68 ; SC, 147, p. 175.

27. *Hist. eccl.*, IV, 29,6 ; trad. Bardy.

28. *In Ep. ad Titum*, prol. : PL, 26,556.

29. *Hist. eccl.*, IV, 29,5.

De ces informations passablement hétéroclites il ressort qu'Origène, en alignant les Encratites sur les Ébionites au sujet de Paul, n'a été suivi qu'en partie et qu'après lui on a témoigné de positions moins radicales. Il est d'autant plus probable que celles-ci, à l'exclusion des premières, soient historiques que Tatien, Sévère et les vues qu'il soutenaient ne relèvent aucunement du judéo-christianisme[30]. L'ascétisme encratite est l'héritier du dualisme hellénistique, comme les doctrines de Marcion et de Satornil, inspirateurs de Tatien si l'on en croit Irénée[31]. Sans pousser les conséquences aussi loin que Marcion et Satornil, les leaders de l'encratisme ont, selon toute vraisemblance, procédé comme Marcion qui s'était taillé un Nouveau Testament à la mesure de sa doctrine[32] et ne retenait en particulier que dix épîtres de Paul. Il est assez facile de supposer que les ablations de Tatien et de ses adeptes portaient avant tout sur les passages où l'apôtre considère positivement la vie conjugale (1 Co 7,1-10 ; 1 Tm 3,2) et condamne ceux qui la rejettent (1 Tm 4,3), sans compter ceux où les questions d'aliment ou de boisson sont tenues pour indifférentes (Rm 14,17 ; 1 Co 8,8 ; Col 2,21), voire où le vin est recommandé (1 Tm 5,23), étant entendu que les Encratites interdisaient tout rapport sexuel, y compris dans le mariage, et prohibaient le vin[33].

---

30. S'il s'est surtout développé dans ce secteur, l'antipaulinisme n'est pas réservé au judéo-christianisme. Voir les remarques de G. STRECKER, "Paulus in nachpaulinischer Zeit", *Kairos*, 12, 1970, p. 208-216 (213-214), à propos des "pneumatiques" adversaires de Paul du vivant de celui-ci.

31. *Adv. haer.*, I, 28,1.

32. D'après ÉPIPHANE (*Haer.*, XLVII, 1-2), les Encratites, tout en recevant l'Ancien et le Nouveau Testament y ajoutaient des apocryphes tels que les Actes d'André, de Jean et de Thomas, bien plus, faisaient un choix dans l'Ancien Testament.

33. Voir HIPPOLYTE, *El.*, VIII, 7,20 ; CLÉMENT D'ALEXANDRIE, *Strom.* 3,6 : GCS, p. 216-222 ; ÉPIPHANE, *Haer.*, XLVII, 1,6-7 ; 2,3-4. On peut même conjecturer que les Encratites supprimaient le mot *pollô(i)* en 1 Tm 3,8 et Tt 2,3.

ÉPILOGUE

Toute trace du judéo-christianisme sectaire disparaît de la littérature patristique à partir de la première moitié du Ve siècle, quand prend fin le débat entre Jérôme et Augustin sur la légitimité des observances mosaïques chez les chrétiens d'origine juive[1]. Mais que sont devenus les groupes évoqués plus haut ? On répond souvent : les uns se sont fondus dans la Grande Église d'autres ont rallié le judaïsme, hypothèses assurément plausibles que justifie dans une certaine mesure le silence de la littérature chrétienne. Pourtant tous les auteurs intéressés par la question n'acceptent pas de simplifier aussi facilement les choses et cherchent hors des témoignages patristiques des indices pemettant d'envisager la survivance du judéo-christianisme du type qu'on a défini au début de cette étude. Si l'on ne peut guère y songer à propos d'un courant fondamentalement dualiste, de surcroît opposé à l'Ancien Testament, comme le manichéisme, la question se pose depuis longtemps au sujet de l'Islam. Faut-il, comme on l'a suggéré, ne voir dans celui-ci, "à l'origine qu'une variété de l'ébionisme, disons : 'un ébionisme qui a réussi'[2]" ? La réponse à cette question doublée d'un défi relève de la compétence des islamologues. On doit en dire autant d'un jugement éclairé sur la polémique antipaulinienne développée chez tels théologiens musulmans[3]. Ce qu'il est permis de souhaiter en terminant ce parcours, c'est que la science, à poursuivre le judéo-christianisme dans ses dernières retraites, fasse preuve d'esprit critique, évitant ainsi de qualifier de judéo-chrétien un héritage qui pourrait, à l'occasion ou en partie, dériver de la Grande Église par la voie de ses renégats[4], voire même provenir du judaïsme tout

---

1. Sur ce débat voir MAGNIN, 1975, p. 259-269.
2. MAGNIN, 1978, p. 242, s'inspirant de P. DORRA-HADDAD, "Coran, prédication nazaréenne", *POC*, 23, 1973, p. 148-155.
3. Voir ici, p. 68.
4. Au sujet de l' Évangile de Barnabé et de son édition monumentale par L. CIRILLO et M. FRÉMAUX, *Evangile de Barnabé. Recherche sur la composition*

court[5]. Mais quelle que soit la provenance des données antipauliniennes consignées dans ces écrits, elles prouvent que l'apôtre est demeuré longtemps impardonnable, comme il l'avait déjà été de son vivant, auprès de bon nombre de ceux que rassemblait la "secte des Nazoréens" (Ac 24,5).

---

et l'origine, BeauchesneR, Paris, 1977, voir les mises au point de J. SLOMP, "The Gospel in Dispute", dans *Islamochr.*, 4, 1978, p. 67-111 ; J.-M. MAGNIN, "En marge de l'ébionisme : l'Évangile de Barnabé", *POC*, 29, 1979, p. 44-64 ; J. JOMIER, "Une énigme persistante : l'Évangile dit de Barnabé", *MIDEO*, 14, 1980, p. 271-300.

    5. Voir à ce propos les remarques de STERN ("Account", p.176-185) sur les vues de PINÈS, p. 35-36.

Note annexe : Paul dans les *Toledot Yeshu*

L'opuscule juif connu sous le nom de *Toledot Yeshu* ("Histoire" ou "Vie de Jésus") est une parodie des évangiles[1]. Sous divers titres il a circulé dans les communautés juives où il eu grand succès et où l'on a procédé à des rédactions variées en adaptant l'ouvrage aux circonstances et vicissitudes de l'époque. Fixer son origine ultime et sa date de naissance est une opération délicate et les opinions sont loin d'être unanimes à ce sujet. On peut tenir en tout cas pour certain que des versions de cet opuscule existaient dans les premières décennies du IXe siècle grâce au témoignage des évêques de Lyon Agobard (769-840) et son successeur Amolon (841-852)[2]. Dans la plupart des recensions le récit s'achève par une histoire des origines du christianisme d'où émergent quelques grandes figures : celles de Paul, de Pierre, parfois de Jean. Curieusement, des anecdotes sur Nestorius viennent parfois s'ajouter aux traits qui concernent les apôtres[3]. Il est peu probable que la légende apostolique ait appartenu à l'opuscule dès son origine[4]. Entre autres objections[5] notons que la partie principale de

---

1. Voir SCHLICHTING. La partie d'introduction (p. 1-6) donne un bon aperçu de l'état de la question. Schlichting met à jour l'ouvrage ancien mais encore indispensable de KRAUSS. Une partie des textes publiés et traduits en allemand par Krauss se lit en traduction française dans J.-P. OSIER, *L'Évangile du Ghetto*, coll. "L'Autre rive", Paris, 1984.

2. AGOBARD, *De iudaicis superstitionibus*, 10 : PL, 104,87-88 ; CCh.M, 52, p. 206-207 ; AMOLON, *Contra Iudaeos*, 38-40 : PL, 116, 167-170.

3. La légende, entre autres fantaisies, emprunte des traits au bouillant évêque de Nisibe Barsauma et les applique à Nestorius. Voir S. GERO, "The Nestorius Legend in the Toledoth Yeshu", *OrChr*, 59, 1975, p. 108-120.

4. Au jugement de KRAUSS (p. 7 et 248) selon lequel l'écrit primitif (?) aurait contenu une courte légende de Simon-Pierre. On doit opposer le fait que rien de ce qu'on apprend sur lui par Agobard ne se retrouve dans les Toledot.

5. Voir JELLINEK, VI, p. XI ; M. GÜDEMANN, *Geschichte des Erziehungswesens und der Kultur der abendländischen Juden*, 3 vol., Vienne, 1880-1888 (réimpr. Amsterdam, 1966), t. II, p. 299 ; J.H. GREENSTONE, "Jewish Legends about Simon-Peter", *HistJud*, 12, 1950, p. 89-104 (90-91).

l'opuscule vise à discréditer le fondateur du christianisme, alors que l'appendice, tout en étant hostile aux chrétiens, développe, comme thème essentiel, la séparation des deux communautés et se montre favorable aux apôtres comme défenseurs des Juifs.

Pour nous limiter à la légende de Paul, mentionnons d'abord les pseudonymes sous lesquels il se cache, avant qu'on découvre parfois sa véritable identité. Tantôt c'est "Élie" (*Eliyyahu*), tantôt, Abba Sha'ul. La seconde appellation[6] dérive du nom juif de l'apôtre auquel on a adjoint une titulature rabbinique. La première est plus mystérieuse. Une piste est suggérée par l'étrange confusion qui règne dans un des manuscrits des Toledot entre Paul et Jean-Baptiste[7] : comme ce dernier est identifié à Élie dans les évangiles (Mt 11,14 ; 17,10-12), cet imbroglio pourrait expliquer le recours au prophète du Carmel ou du moins à son nom pour couvrir l'action de Paul. Mais on pourrait aussi songer[8] au rôle que l'eschatologie juive confie à Élie *redivivus*, restaurateur de la pureté en Israël, un rôle qui n'est pas sans parenté avec celui de Paul dans notre légende.

Schématiquement et en faisant abstraction des éléments adventices l'histoire peut se résumer comme suit. Après la mort de Jésus la prédication de ses disciples déclenche des troubles entre eux et les autres Israélites. Parmi ces derniers se détache, le plus souvent désigné par eux, le personnage qui n'est autre que Paul, un sage de leur société qui se fait passer pour l'apôtre de Jésus et (à l'occasion par ses miracles) gagne la confiance des chrétiens. Ainsi accrédité, il abolit pour eux les fêtes juives et les remplace par les fêtes chrétiennes, supprime la circoncision (et le port de la barbe), les lois alimentaires, permet d'épouser des non-Juives, etc., donc fait tout pour séparer les chrétiens des Juifs et, par là, rétablit la paix. Aux chrétiens est recommandé de ne pas maltraiter les Juifs mais au contraire de se montrer envers eux pleins de douceur et de patience, à l'image de Jésus durant sa Passion. Par cette action Paul obtient de ses coreligionnaires juifs renommée et louange ainsi que la promesse de la récompense dans le monde à venir.

Cette utilisation de Paul comme défenseur des Juifs (on retrouve le même phénomène à propos de Pierre et de Jean) n'a pas d'antécé-

---

6. Entre autres dans la version intitulée Tam u-mu'ad (sur ce titre, voir SCHLICHTING, p. 189, n. 1) : voir KRAUSS, p. 200 et 287, n. 2.

7. Dans le ms. de Leyde, à la fin de l'histoire de Paul, apparaît un certain Yohanan, prédicateur et baptiste, mais c'est aussi bien Paul qui est visé avec une allusion à son expérience sur le chemin de Damas : voir KRAUSS, p. 157-158.

8. Avec E. BAMMEL, "Christian Origins in Jewish Tradition", *NTS*, 13, 1966-67, p. 317-335 (332).

dents chrétiens[9]. D'autre part, ces histoires s'adressent aux seuls Juifs qui n'envisageaient pas, c'est le moins qu'on puisse en dire, de voir tomber ce type de littérature entre des mains chrétiennes. Il ne saurait donc s'agir d'un procédé d'auto-défense à l'adresse des chrétiens et de leurs hiérarques. C'était là plutôt, pour le petit peuple juif, une manière de revanche ironique qu'il prenait *intra muros*, peut-être en se souvenant à la fois de l'attitude tolérante de certains responsables ecclésiastiques et de leur souci de préserver leurs ouailles de la séduction du judaïsme[10]. Pierre, Paul et Jean, colonnes et guides de l'Église ? On le pense, mais quelle erreur ! C'étaient au contraire de bons et saints Juifs qui se sont dévoués pour leur peuple, alors que les disciples du Nazaréen n'y ont vu que du feu.

Mais tout en faisant ici la part de l'imagination et des circonstances successives, on peut se demander si une telle présentation de Paul n'a pas des racines plus anciennes que les libelles qui l'exposent. Un des traits de cette légende nous situe dans le cadre des premières propagandes chrétiennes en Palestine, quand les chrétiens n'étaient pas encore séparés des Juifs et jetaient le trouble parmi eux : "partout, ils allaient dans dans les synagogues et les écoles pour convertir les gens à la foi des chrétiens et, s'ils n'y parvenaient pas, ils avaient l'impudence de troubler les prières ; ils élevaient la voix dans la maison de Dieu[11]". Cette attitude conflictuelle est bien différente du rapport irénique des Actes des Apôtres (2,46-47) non moins que des informations d'Hégésippe au sujet de Jacques[12]. En relatant que les dissidents se sentaient chez eux dans les assemblées juives et tentaient d'attirer à leur groupe leurs frères israélites, la légende pourrait avoir gardé un souvenir des débuts du christianisme en Palestine. C'est ce que paraît confirmer une notice du célèbre apologiste musulman (muʻtazilite) ʻAbd al-Jabbar[13], notice publiée par Shlomo Pinès[14] :

> Après lui (Jésus) ses disciples étaient avec les Juifs et les enfants d'Israël dans les synagogues de ces derniers, et ils observaient les prières et les fêtes des Juifs au même endroit que ceux-ci. Cependant il y avait désaccord entre eux et les Juifs en ce qui concerne le Christ.

---

9. Rien dans ces récits ne permet de supposer que leurs auteurs ont lu ou connu les lignes de l'Épître aux Romains (11, 16-24) où Paul se fait le défenseur d'Israël contre l'arrogance des pagano-chrétiens.

10. Voir à ce propos S. LÉGASSE, p. 119-122.

11. Ms. de Leyde (voir KRAUSS, p. 193).

12. *Ap.* EUSÈBE, *Hist. eccl.*, II, 23,6-7.

13. Mort en 1024 ou 1025 ; Grand Qadi de la ville de Rayy (le Ragès du livre de Tobie), à 9 km au sud-est de la moderne Téhéran.

14. P. 14 ou 41 (voir la Bibliographie, p. 72).

Ici Paul n'apparaît pas, mais il figure dans un autre passage "historique" de 'Abd al-Jabbar[15], où l'on raconte dans un esprit violemment antipaulinien, comment Paul prescrivit aux chrétiens de se séparer des Juifs en s'associant aux Gentils et comment il les libéra de la foi et des observances juives, supprima la polygamie et le divorce, sans compter une propagande antijuive qui ne déclenche rien moins que la ruine de la cité sainte[16]. Le Paul qui nous est présenté dans ce texte est un Paul vu sous l'angle judéo-chrétien hétérodoxe : on retrouve ici l'optique et l'agressivité des écrits cités plus haut dans cet ouvrage où l'on considère Paul comme l' "homme ennemi" qui, parce qu'il a détourné les chrétiens de la loi mosaïque, a trahi la volonté de Jésus[17].

C'est ce même Paul qui figure dans la légende des *Toledot Yeshu*. À une différence près toutefois, et qui est d'importance : l'auteur juif est à fond pour la séparation des deux religions et, par là, se situe aux antipodes du point de vue judéo-chrétien retransmis par 'Abd al-Jabbar. On peut dès lors se demander si la légende juive de Paul n'a pas été composée comme une réplique à la version judéo-chrétienne orientale dont elle aurait par ailleurs recueilli l'héritage. Cette hypothèse, formulée par Sh. Pinès, mérite, à ce qu'il semble, qu'on lui prête une sérieuse attention.

---

15. Sommaire dans PINÈS, p. 26-28.

16. Paul, comme il se doit, finit mal et dans des circonstances tout à fait significatives : convoqué par Néron, il désapprouve devant lui la circoncision, mais est bien obligé de reconnaître que Jésus et les apôtres étaient circoncis et lui-même, à l'examen ; révèle qu'il l'est aussi. Néron interprète la chose en voyant en Paul le propagateur d'une religion contraire à celle du Christ, et Paul est condamné à périr crucifié horizontalement.

17. Cette thèse n'affleure pas dans la compilation antichrétienne judéo-arabe *Qissat Mujadalat al-Uqsuf* ("Exposé de la dispute du prêtre"), traduite en hébreu sous le titrre *Sefer Nestor ha-Komer* ("Livre de Nestor le prêtre"), qui ne porte pas de traces explicites de polémique anti-paulinienne et où de soi-disant textes de Paul sont ulitilisés pour combattre la divinité de Jésus : voir LASKER et STROUMSA, t. I, p. 20, 60-61, 107-108, 148.

BIBLIOGRAPHIE

(Ces travaux sont cités sous une forme abrégée)

BAGATTI (B.), *The Church from the Circumcision. History and Archeology of the Judeo-Christians* (N.B. : "the French 1965 and English edition differ considerably"), PSBF.SS, 2, Jérusalem, 1971.

BAMMEL (E.), "Die Anfänge der Kirchengeschichte im Spiegel der jüdischen Quellen", *Aug.*, 28, 1988, p. 367-379, ou ID., *Judaica et Paulina. Kleine Schriften* II, WUNT, 91, Tübingen, 1997, p. 34-46.

BAUCKHAM (R.), *Jude and the Relatives of Jesus in the Early Church*, Édimbourg, 1990.

BAUER (W.), *Rechgläubigkeit und Ketzerei im ältesten Christentum*. Zweite Auflage mit einem Nachtrag von Georg Strecker, BHTh, 10, Tübingen, 1964.

BETZ, (O.), *Galatians. A Commentary on Paul's Letter to the Churches in Galatia*, Herm., Philadelphie, 1979, p. 331-335, et *passim*.

BIRDSALL (J.N.), "Problems of the Clementine Literature", dans J.D.G. DUNN (éd.), *Jews and Christians* (voir plus bas), p. 347-361.

BLANCHETIÈRE (F.) et HERR (M.D.), *Aux origines juives du christianisme*, HS, Jérusalem, 1993 (diffusion Peeters, Louvain).

BRANDT (W.), *Elchasai. Ein Religionsstifter und sein Werk*, BJChAR, Leipzig, 1912 (réimpr., Amsterdam, 1971).

CIRILLO (L.), *Elchasai e gli Elchasaiti. Un contributo alla storia delle comunità giudeo-cristiane* ; SR, 1, Cosenza, 1984.
–, "L'antipaolinismo nelle Pseudoclementine", dans R. PENNA (éd.), *Antipaolinismo : reazioni a Paolo tra il I e il II secolo*. Atti del II Convegno nazionale di studi neotestamentari, RSB, 2, Bologne, 1989.

CULLMANN (O.), *Le Problème littéraire et historique du roman pseudo-clémentin*, EHPhR, 23, Paris, 1930.

DANIÈLOU (J.), *Théologie du judéo-christianisme*, BT, Tournai, 1958.

-, *Études d'exégèse judéo-chrétienne (les Testimonia)* ThH, 5, Paris, 1966.

DASSMANN (E.), *Der Stachel im Fleisch. Paulus in der frühchristlichen Literatur bis Irenäus*, Münster, 1979.

DUNN (J.D.G.) (éd.), *Jews and Christians : The Parting of theWays A.D. 70 to 135*. The Second Durham-Tübingen Research Symposium on Earliest Christianity and Judaism (Durham, September, 1989), WUNT, 66, Tübingen, 1992.

FITZMYER (J.A.), "The Qumran Scrolls, the Ebionites and Their Literature", *TS*, 16, 1955, p. 335-372, et ID., *Essays on the Semitic Background of the New Testament*, Londres, 1971 (2e éd., Missoula, 1974), p. 437-480 ; sous une forme légèrement abrégée, dans K. STENDAHL (éd.), *The Scrolls and the NewTestament*, NewYork, 1957, p. 208-231, 291-298.

HAUCK (R.J.), " 'They Saw What They Said They Saw'. Sense Knowledge in Early Christian Polemic", *HTR*, 81, 1988, p. 239-249.

HENNECKE (E.) - SCHNEEMELCHER (W.), *Neutestamentliche Apokryphen in deutschen Übersetzung*, 2 vol., Tübingen, 1959-64.

JELLINEK (A.), *Bet ha-Midrasch. Sammlung kleiner Midraschim und vermischter Abhandlungen*, 6 parties en 2 vol. Jérusalem, 1967 (3ᵉ éd.).

JONES (F.S.), "The Pseudo-Clementines : History of Research", *SecCent*, 2, 1982, p. 1-33,63-96.

-, "Evaluating the Latin and Syriac Translations of the Pseudo-Clementine Recognitions", *Apocr.*, 3,1992, p. 211-235.
-, *An Ancient Jewish Christian Source on the History of Christianity : Pseudo-Clementine* Recognitions 1.27-71, SBL.TT, 37, ChAS, 2, Atlanta, 1995.

KECK (L. E.), "The Poor among the Saints in the New Testament", *ZNW*, 56, 1965, p. 100-129.
-, "The Poor among the Saints in Jewish Christianity and Qumran", *ZNW*, 57, 1966, p. 54-78.

KLIJN (A.F.J.) ; "The Study of Jewish Christianity", *NTS*, 20, 1973-74, p. 419-431.

KLIJN (A.F.J.) et REININK G.J.), *Patristic Evidence for Jewish-Christian Sects*, NT.S, 36, Leyde, 1973.

KOCH (G.A.), *A Critical Evidence of Epiphanius' Knowledge of the Ebionites : A Translation and Critical Discussion of "Panarion" 30* (dissertation dactylographiée), Philadelphie, University of Pennsyvania, 1976.

KRAUSS (S.), *Das Leben Jesu nach jüdischen Quellen*, Berlin, 1902 (réimpr., Hildesheim, 1977).

LASKER (D.J.) et STROUMSA (S.), *The Polemic of Nestor the Priest. Introduction, translations and commentary*, 2 vol., Jérusalem, 1996.

LÉGASSE (S.), "La légende juive des apôtres et les rapports judéo-chrétiens dans le haut Moyen Âge", *BLE*, 75, 1974, p. 99-132.

LINDEMANN (A.), *Paulus im ältesten Christentum*, BHTh, 58, Tübingen, 1979.

LÜDEMANN (G.), *Paulus der Heidenapostel*. T. II : *Antipaulinismus im frühenchristentum*, Göttingen, 1983.
–, *Opposition to Paul in Jewish Christianity*, Minneapolis, 1989.

LUTTIKHUIZEN (G.P.), *The Revelation of Elchasai. Investigations into the Evidence for a Mesopotamian Jewish Apocalypse of the Second Century and Its Reception by Judeo-Christian Propagandists*, TSAJ,, 8, Tübingen, 1985.

MAGNIN (J.-M.), "Notes sur l'Ébionisme", *POC*, 23, 1973, p. 233-265 ; 24, 1974, p. 225-250 ; 25, 1975, p. 245-273 ; 26, 1976, p. 293-317 ; 27,.1977, p. 250-276 ; 28, 1978, p. 220-248.

MANNS (F.), *Bibliographie du judéo-christianisme*, SBF.A, 13, Jérusalem, 1979.

MARTYN (L.), *The Gospel of John in Christtian History. Essays for Interpreters*, New York, 1978 (le ch. II, en rapport avec le sujet de cette étude, est une réédition revue de l'article "Clementine Recognitions I, 33-71 : Jewish-Christianity and the Fourth Gospel", dans *God's Christ and His People. Studies in honor of N.A. Dahl*, Oslo, 1977, p. 265-295).

MIMOUNI (S.C.), "Pour une définition nouvelle du judéo-christianisme ancien", *NTS*, 38, 1992, p. 161-186.
–, "Les nazoréens. Recherche étymologique et historique", *RB*, 105, 1998, p. 208-262.
–, *Le Judéo-christianisme ancien. Essais historiques*, coll. "Patrimoines", Paris, 1998.

MUNCK (J.), "Jewish Christianity in Post-Apostolic Times", *NTS*, 6, 1959-60, p. 103-116.
–, "Primitive Jewish Christianity and Later Jewish Christianity : Continuation or Rupture ?", dans M. SIMON *et alii, Aspects du judéo-christianisme* (voir plus bas), p. 77-93.

NODET (E.), "'Les Nazoréens': discussion", *RB* 105, 1998, p. 263-265.

Pinès (Sh.), "The Jewish Christians of the Early Centuries of Christianity according to a New Source", *The Israel Academy of Sciences and Humanities Proceedings*, t. II, n° 13, Jérusalem, 1966.

Pritz (R.A.), *Nazarene Jewish Christianity from the End of the New Testament Period until its Disappearance in the Fourth Century*, SPB, 37, Leyde, 1988.

Rehm (B.), "Zur Entstehung der pseudoklementinischen Schriften", *ZNW*, 37, 1938, p. 77-184.

Rius-Camps (J.), "Las Pseudoclementinas. Bases filológicas para una nueva interpretación", *RCT*, 1, 1976, p. 79-158.

Salles (A.), "La diatribe anti-paulinienne dans 'Le roman pseudo-clémentin' et l'origine des 'Kérygmes de Pierre' ", *RB*, 64, 1957, p. 516-551.

Sanchez Bosch (J.), "Santiago, Pedro y Pablo en las Seudoclementinas", dans *Patrimonium fidei. Traditionsgeschichtliches Verstehen am Ende ? Festschrift für Magnus Löhrer und Pius-Ramon Tragan*, Rome, 1997, p. 547-573.

Schlichting (G.), *Ein jüdisches Leben Jesu. Die verschollene Toledot-Jeschu-Fassung Tam u-mu'ad*. Einleitung, Text, Übersetzung, Kommentar, Motivsynopse, Bibliographie, WUNT, 24, Tübingen, 1988.

Schoeps (H.-J.), *Theologie des Judenchristentums*, Tübingen, 1949.

Simon (M.), *Verus Israel. Étude sur les relations entre chrétiens et Juifs sous l'empire romain (135-425)*, deuxième édition suivie d'un "Post-scriptum", Paris, 1964.
–, "La migration à Pella : légende ou réalité ?", *RSR*, 60, 1972, p. 37-54, ou ID., *Le Christianisme et son contexte religieux. Scripta varia*, t. II, WUNT, 23, Tübingen, 1981, p. 477-494.

Simon (M.) et Benoît (A.), *Le Judaïsme et le christianisme antique*, NC(C), Paris, 1968.

Simon (M.) et alii, *Aspects du judéo-christianisme. Colloque de Strasbourg, 23-25 avril 1964*, Paris, 1965.

Stern (S.M.), "Quotations from Apocryphal Gospels in 'Abd al-Jabbar", *JThS*, 18, 1967, p. 34-57.
–, "Abd al-Jabbar's Account of How Christ's Religion Was Falsified by the Adoption of Roman Customs", *JThS*, 19, 1968, p. 128-185.

Stötzel (A.), "Die Darstellung der ältesten Kirchengeschichte nach den Pseudo-Clementinen", *VigChr*, 36, 1982, p. 24-27.

STRECKER (G.), *Das Judenchristentum in den Pseudoklementinen*, TU, 70², Berlin, 1981 (2ᵉ éd.).

TAYLOR (J.E.), "The Phenomenon of Early Jewish Christianity : Reality or Scholarly Invention ?", *VigChr*, 44, 1990, p. 313-334.
—, *Christians and the Holy Places : The Myth of Jewish-Christian Origins*, Oxford, 1993.

THOMAS (J.), *Le Mouvement baptiste en Palestine et en Syrie (150 av. J.-C. - 300 ap. J.-C.)*, Gembloux, 1935.

TOSOLINI (F.), "Paolo in Atti e nelle Pseudo-clementine (Recognitiones I, 33-71)", *Aug.*, 26, 1986, p. 369-400.

VAN VOORST (R.E.), The Ascents of James. *History and Theology of a Jewish-Christian Community*, SBL.DS, 112, Atlanta, 1989.

WEHNERT (J.), "Literaturkritik und Sprachanalyse. Kritische Anmerkungen zum gegenwärtigen Stand der Pseudoklementinen-Foschung", *ZNW*, 74, 1983, p. 268-301.
—, "Abriss der Entstehungsgeschichte des pseudoklementinischen Romans", *Apocr.*, 3, 1992, p. 211-235.

INDEX DES SUJETS TRAITÉS

INDEX DES NOMS D'AUTEURS

TABLE DES CITATIONS

Bible

Pères de l'Église et Clémentines

Ambrosiaster
In ep. I ad Cor.,9,2   26

Clément d'Alexandrie
Strom. 3,6   62

Denys bar Salibi
In Apoc., etc., prol.   58

	Épiphane		
Haer.,	XVIII		15
	XVIII,2		57
	XIX,1		54
	XIX,1,4 -- 4,6		54
	XIX,1,8		55,55
	XIX,2,2		53
	XIX,3,1-3		55
	XIX,3,5		54
	XIX,3,6		55
	XIX,5,1		54
	XX,3		15
	XXIV,9,2-3		16
	XXVIII,4,1		58
	XXVIII,4-6		58
	XXVIII,5,2-3		58
	XXIX,	1,3	16
		4,9 -- 5,4	16
		6,1	15
		7,3	16
		7,6	16
		7,7	16,60
		9,2-3	16
		9,4	16
		16,7	34
		29,7-8	16
	XXX		19,2,27
	XXX,	2,8-9	60
		3,2	54
		13,2	23
		16	27
		16,1	24
		17,2	20
		17,3	19
		17,5-6	54

Homélies pseudo-clémentines

Ep. Petri,	1,2	49
	2	31
	2,3-4	42
	2,3	50
	2,6-7	42
	2,5	48
	2,7	43
	3,1	49
Diamartyria	1,1	49
	5,2	43
II,17,2		33
II,17,4		46
II,15-17		47
II,15,5		48
II,16,1		48
II,17,3		47,48,49
II,18,2		48
III,19,1		33
III,51-52		49
IV,2,3		48
VIII,5,7		33
XI,35,3-6		46
XII,6		21
XV,7-10		21
XVII,1,2		44
XVII,13-19		44
XVII,14,1-2		44
XVII,14,4		44
XVII,15,2		44
XVII,15,4		44
XVII,16		44
XVII,17		44
XVII,17,5		44
XVII,18,2-3		45
XVII,18,5-6		45
XVII,19,1		45
XVII,19,4		45
XVII,19,6		45
XVIII,14,15		46
XIX,19,5		43
XX,18,4		48
XX,19		48
XX,19,7		48

Irénée

Adv. haer.	I,26	58
	I,26,2	23,24,26
	I,28,1	62
	III,15,1	24
	V,1,3	24

Jérôme

Adv. Pel.,	III,2	16
Com. in Mat.,	12,2	26
	12,13	16
	13,53-54	16
Dial. adv. Luc.	23	19
Ep.	23,178	19
	112,13	16
	112,13.16	19
In Is.	9,1	17
In Ep. ad Titum, prol.		61
De viris ill.,	3	16

Justin

Dial.	47,2	24

Origène

C. Cels.	II,1	20
	V,61	25
	V,65	25,61
In Jer.	19,12	25
In Lev.	10,2	25
In Mat.	16,12	20
	79	24
De princ.	IV,3,8	20

Reconnaissances pseudo-clémentines

I	34
I,27-71	32
I,27-32	32
I,32,1	35
I,33-71	32,33,34,35
I,33,5	35
I,35,2	34

Littérature rabbinique

Autres

TABLE DES MATIÈRES

Enrichissement typographique
et achevé d'imprimer par :
IMPRIMERIE DE LA MANUTENTION
Mayenne
Mars 2000 – N° 89-00

Dépôt légal : 1er trimestre 2000